Lettres d'Amour

PUBLIÉ PAR MELISSA DESVEAUX

Lettres d'Amour

Une collection de lettres édifiantes écrites par des auteurs de part et d'autre du monde.

Publié en Australie par Melissa Desveaux

Print ISBN - 978-0-6452175-0-6
eBook ISBN - 978-0-6452175-1-3

Photo de couverture - Diana Akhmetianova, dreamcraftlove@gmail.com
Révision - Jody E Freeman
Conception de la couverture - Melissa Desveaux
Illustrations - Damien Desveaux

Traduction de la version originale en anglais au français – Gordon Henderson

Pour les commandes en gros, contactez:
contact@melissadesveaux.com
www.Melissadesveaux.com

Dédicace

À notre famille, à nos amis et à ceux que nous aimons, ce livre vous est dédié.

Pour vous apporter joie, inspiration et amour.

Pour vous montrer que nous tenons à vous et vous remercier de votre amour et de votre soutien. Pour que vous sachiez que nous vous sommes reconnaissants de faire partie de nos vies.

Épigraphe de l'amour

"L'amour est patient et gentil ; l'amour n'est pas envieux ni vantard ; il n'est pas arrogant ni grossier. Il n'insiste pas sur sa propre voie ; il n'est pas irritable ou rancunier ; il ne se réjouit pas de l'injustice, mais se réjouit de la vérité" - 1 Corinthiens 13 : 4-6

La peur dit "Je ne peux pas".

L'amour dit "OUI tu peux".

La peur dit "Tout seul, je me sens seul ici".

L'amour dit : "Tu as une tribu, trouve-toi les uns les autres.

La peur dit "Peut-être demain, l'année prochaine...

L'amour dit "Maintenant".

La peur dit "Je ne suis pas prêt".

L'amour dit "Eh bien, je suis prêt pour nous deux

La peur dit "Tu ne peux pas le faire".

L'amour dit "Tu l'as fait ! !!"

Qui écoutez-vous ?

Je choisis la foi, l'espoir et l'AMOUR.

L'AMOUR GAGNE !

- Libby Monica

SONNET XVII

Tiré de Cent sonnets d'amour du poète
Prix Nobel Pablo Neruda

Je ne t'aime pas comme si tu étais une rose de sel, ou une topaze, ou la flèche des œillets que le feu fait jaillir.

Je t'aime comme il faut aimer certaines choses sombres, en secret, entre l'ombre et l'âme.

Je t'aime comme la plante qui ne fleurit jamais mais porte en elle la lumière des fleurs cachées ; grâce à ton amour, un certain parfum solide, surgi de la terre, vit obscurément dans mon corps.

Je t'aime sans savoir comment, ni quand, ni d'où. Je t'aime directement, sans complexe ni orgueil ; je t'aime donc parce que je ne connais pas d'autre chemin que celui-ci : celui où je n'existe pas, ni toi, si proche que ta main sur ma poitrine est ma main, si proche que tes yeux se ferment quand je m'endors

C'est ce que font les gens qui t'aiment,
ils t'entourent de leurs bras et t'aiment
quand tu n'es pas si aimable

- Deb Caletti

Les Critiques

"J'adore la lettre de Veronica. Je pense que c'est exactement ce dont nous avons besoin, surtout dans des moments comme celui-ci. Elle vous fait réaliser quelles sont les choses importantes dans la vie, comment les chérir et les apprécier. Le secret est dans l'amour et l'appréciation.

- Anna Yaramboykova PDG de Kicks Academy Professional Development LTD- Londres, UK

***

"La lettre d'amour de Rebekah a touché mon cœur comme aucune autre. Pas seulement parce qu'elle parle d'un lieu de profonde compréhension, mais parce qu'elle parle si directement à MON cœur dans ses mots. Elle met en lumière ce que le monde croit être l'amour et partage qui est l'amour.

- Carole Jean Whittington Mind Your Autistic Brain with Social Autie (en anglais)

***

"La lettre de Sarah est émouvante et inspirante. Après avoir vécu une perte aussi inimaginable, le fait qu'elle continue à créer un héritage durable pour Jasper témoigne de sa force. La lettre de Sarah offre une perspective différente sur le deuil et sur la façon dont nous changeons après le départ d'une personne que nous aimons."

- Rhiannon Koch

"Une lettre significative et réconfortante écrite aux fils de Melissa. C'est tellement brut, aimant et réfléchi, que j'en ai eu les larmes aux yeux. Juste magnifique !

***

"Un beau témoignage d'un fils aimant à sa mère adorée. Des mots si affectueux écrits pour sa maman, n'importe quelle mère serait très fière."

-Martina Vassallo

***

"En lisant cette belle lettre, mon cœur s'est rempli de tant d'amour. Elle montre tout l'amour qu'une mère porte à son enfant. Quelle lettre étonnante et spéciale pour les fils de cet écrivain. Quelque chose qu'ils chériront à jamais. Une lecture magnifique."

-Rebecca Riggio

***

"C'est tellement réaliste ! C'est comme si la lettre de Rebekah avait été écrite pour moi et pour vous aussi ! Vous pouvez dire qu'il est écrit du cœur avec l'amour et le sens. C'est un tel cadeau, écrit avec un message puissant d'autonomisation. Je me suis assise ici et j'ai pleuré en la lisant, c'est incroyable et je la recommande à tout le monde parce que je l'aime tellement !"

-Arjaye, Cozy Woodland Cottage Knits

Contents

Introduction

Nous voulons tous être et nous sentir aimés. C'est une partie naturelle de notre identité. Sans amour, il n'y a ni espoir ni foi. Sans amour, il n'y a pas de bonheur.

Letters of Love (Lettres d'amour) est un livre qui partage les secrets de l'amour sous toutes ses formes. Amour de soi, amour de la famille, amour de l'univers, amour de Dieu, amour d'un partenaire ou d'un ami, amour d'une assemblée de personnes qui nous entourent. L'amour de la vie et de ce que nous partageons avec les autres.

Nous sommes entrés en 2020 dans une tourmente mondiale, et ce livre va ramener un peu d'espoir, de foi et de positivité dans nos vies. Nous verrons l'amour différemment grâce aux douze auteurs qui ont écrit leurs propres lettres inspirantes à ceux qu'ils aiment. Ces auteurs sont entrés dans ma vie par le biais du monde en ligne et ont répondu à mon appel : partager l'amour. Ces auteurs sont entrés dans ma vie par le biais du monde en ligne et ont répondu à mon appel - partager l'amour. Ils sont tous immensément talentueux à leur manière et me sont très chers. Les gens entrent dans nos vies pour une raison, et nous apprenons tous d'eux. Ces personnes sont entrées dans ma vie pour avoir, avec moi, un impact important sur le monde.

Je suis très fière de ces auteurs qui ont eu le courage d'écrire leurs lettres. Pour certains, cela n'a pas dû être facile. Ce ne sont pas des "lettres d'amour" ordinaires. Elles sont vraiment profondes et significatives. Émouvantes et chaleureuses. Je suis plus qu'heureuse de pouvoir partager avec vous ces lettres d'amour édifiantes provenant du monde entier.

Cela me remplit le cœur de joie de voir comment d'autres personnes voient l'amour et comment elles le montrent aux personnes qu'elles aiment le plus. Je suis honorée de vous présenter les Lettres d'amour. J'espère que vous lirez ces lettres avec un esprit et un cœur ouvert et que vous apprendrez de chacune d'entre elles que l'amour peut prendre de nombreuses formes. Merci à tous les auteurs d'avoir contribué à ce merveilleux livre. Vous avez été formidables et je n'aurais pas pu le réaliser sans votre amour, votre soutien et vos encouragements.

Je vous apprécie tous énormément.

Avec amour,

Melissa Desveaux Auteur et éditeur

Lettres d'Amour 15

"L'amour entre une mère et son enfant sera toujours lié"

"Les frères sont pour la vie"

"A mes garçons aimants,

Damien et Ethan

Depuis le jour de votre naissance, j'ai été remplie d'un amour que je ne connaissais pas.

C'était si beau de vous voir grandir et devenir les jeunes garçons que vous êtes, et je suis si fière de vous. Je vous écris ma lettre à tous les deux, pour que vous sachiez combien je vous aime et que vous sachiez que je serai toujours là pour vous.

***

Damien. Mon DD,

Quand tu es arrivée dans nos vies, j'étais tellement heureuse que tu sois en sécurité. Notre médecin s'en est assuré, même si ta naissance ne s'est pas déroulée comme nous l'avions prévu. Nous avons été conduits d'urgence en salle d'opération car ton accouchement était une urgence. Nous aurions pu te perdre ce jour-là. Lorsque je t'ai rencontré pour la première fois, mon cœur était rempli de tant de joie et d'amour. Ton père et moi avons pleuré.

Te faire entrer dans notre vie n'a pas été facile. Nous t'avons parlé de tes frères et sœurs au ciel qui sont venus avant et après toi - Charlie, ta sœur aînée et trois autres bébés que nous n'avons pas pu rencontrer. Tout ce que je voulais, c'était d'avoir un beau bébé, heureux et en bonne santé. Dieu m'a béni avec toi.

C'était amusant de te voir grandir. Tu es si intelligent et plein d'esprit. Je suis fière de tout ce que tu as accompli jusqu'à présent, et je sais que tu peux faire tout ce que tu veux. S'il te plaît, crois que tu le peux aussi. Ne laisse jamais personne te dire le contraire.

Ton amour pour le piano, la musique et le chant, ton esprit créatif pour composer tes propres rythmes sur l'iPad ainsi que pour dessiner remplissent mon cœur de joie. Tu m'étonnes chaque jour.

Parfois, j'oublie que tu es encore jeune, probablement parce que ton frère a quelques années de moins, et que tu es mature pour ton âge. Peut-être un peu trop parfois! :)

Quand tu as voulu "Da Monkey" (ton Build a Bear), cela m'a fait réaliser que tu es encore un enfant, et je suis content que tu m'aies ouvert les yeux. J'aimerais que tu puisses rester jeune pour toujours. L'effort que tu fais dans ton travail à l'école et dans tout ce que tu fais me montre que tu essaies vraiment d'être le meilleur possible. Et tes camarades de classe aussi, puisqu'ils t'ont élu capitaine de la classe pour chaque année scolaire jusqu'à présent!

Fais de ton mieux dans tout ce que tu fais dans la vie. Si tu veux réaliser quelque chose, n'hésite pas. Écoute ton cœur. Je ferai tout ce que je peux pour te soutenir. Tu n'as pas besoin de rendre ton père ou moi fiers de toi. Nous le sommes toujours. Sois fier de toi et aime-toi pour ce que tu es.

Plus tard dans ta vie, tu liras cette lettre et tu en riras probablement, mais il y a une part de vérité. Souviens-toi de ces trois choses dans la vie : Écoute. Montre du respect. Je sais que regarder ce joueur "Jelly" ou "Dan TDM" et tous ces autres YouTubers est amusant (pour vous, pas pour moi !) et que sauter en l'air avec la manette de la Xbox, en criant sur ton frère pendant que tu joues à ces jeux qui sont trop vieux pour toi est excitant, mais souviens-toi d'écouter.

Ignorer les gens est considéré comme grossier et irrespectueux. Ce n'est pas ce que j'attends de toi.

Lorsque tu écoutes, tu montres aux autres que tu te soucies d'eux et que tu les comprends.

S'il te plaît, sois respectueux et gentil avec ta famille, en particulier avec ton frère, avec tes amis et avec les personnes que tu rencontreras au cours de ton voyage dans la vie. Il y aura des gens qui vous prendront pour acquis ou qui essaieront de vous faire du mal. Certaines personnes vont aller et venir, mais celles qui resteront sont celles que tu dois garder. Vous saurez qui ils sont.

Lorsque vous traitez les gens avec respect et gentillesse, vous vivrez une vie heureuse car vous vous sentirez bien, même si l'autre personne ne fait pas de même. Lorsque vous vous traitez bien vous-même, vous vivrez une vie encore plus heureuse.

Tu as bon cœur, DD, et je sais sans aucun doute que tu réussiras dans tous les domaines de ta vie : continue à apprendre, aime la vie, écoute, montre du respect et sois gentil avec les autres. Si tu as besoin de parler à quelqu'un, je t'écouterai toujours. Je t'aime plus que tu ne le croies.

***

Ethan. Mon petit EE,

Quand tu étais encore dans mon ventre, j'avais tellement peur que quelque chose t'arrive pendant ta croissance. Quand le médecin m'a dit que tu devais peut-être naître plus tôt que prévu, je ne pouvais pas penser à perdre un autre bébé. Le lendemain matin, j'ai attendu dans une chambre d'hôpital que le médecin se prépare à m'emmener en salle d'opération pour te mettre au monde. Je t'ai parlé et je t'ai dit que j'étais heureuse de te rencontrer bientôt et que je t'aimais. J'ai alors su que tout irait bien.

Quand tu es né, je t'ai embrassé sur la tête et je t'ai dit bonjour. J'étais si heureuse de te rencontrer enfin. Tu as complété notre famille. Damien était si heureux d'avoir un petit frère dont il pouvait s'occuper et il l'a fait pendant que tu grandissais. Il le fait encore maintenant.

Tu m'étonnes chaque jour, Ethan. Tu es si affectueux, intelligent et drôle. Tu me fais tellement rire ! Comme quand tu te mettais tellement en colère que tu devenais Hulk ou quand tu inventes tes propres chansons, comme celle que tu as inventée "ta belle robe" ... Ou quand tu chantes des chansons dans la voiture et que quand je me retourne pour regarder, tu me dis d'arrêter. :) Tes nounours sont aussi très mignons. Tu les aimes tous et tu aimes dormir avec eux. Nous leur faisons aussi un nid ! Voyons si je peux me souvenir de leurs noms. Il y a Myrtle, Tiggi Eye, Billy, Cookie (ton Build a Bear), Choc Chip, et Mr Cheese? Je les aime tous, aussi.

J'aime quand tu me fais de gros câlins et des bisous. J'espère que ton cœur gentil et doux restera toujours avec toi. Même quand tu dis à ton frère que tu l'aimes, ça me fait sourire.
Tu étais assez fougueux quand tu étais petit et tu l'es toujours. Je me souviens que lorsque tu étais bébé, tu as pris le babyphone alors que je changeais ta couche, et tu

l'as jeté sur mon œil qui a été meurtri pendant quelques jours, alors je ne pouvais pas sortir !

Nous avons eu quelques frayeurs avec toi, aussi. Tu sembles être l'enfant qui se blesse, et tu as même passé quelques jours à l'hôpital. Tu t'es coupé à l'œil et tu as dû faire des points de suture. Tu t'es cassé la jambe sur un toboggan glissant alors que je te tenais. Donc c'était ma faute, et je suis désolé. Tu as accidentellement avalé un de mes comprimés qui était tombé par terre. Les médecins ont fait tant d'analyses de sang et ont dû vérifier tant de maladies infectieuses. Nous avons cru que nous allions te perdre. Ce jour-là m'a rappelé à quel point la vie est précieuse. Et puis tu as eu une infection de l'œil et nous avons dû rester à l'hôpital à nouveau. Nous avons regardé Bob l'éponge ensemble et avons beaucoup ri ! Je suis restée debout presque toute la nuit à regarder « Designated Survivor » !

Malgré tous ces incidents, tu continues à bien te porter. Tu assimiles tout ce que tu apprends, à l'école et bien sûr sur YouTube, tout comme ton frère. Tu apprends aussi de lui. Tu parles si bien maintenant et certains des mots que tu dis me surprennent. Tu te débrouilles si bien à l'école ; atteindre tes objectifs de lecture m'a rendu fier et je sais que tu es fier aussi, parce que tu sais lire.

Ethan, souviens-toi que toi aussi, tu peux faire tout ce que tu veux dans ta vie si tu t'y mets. Même si tu veux devenir chirurgien pour sauver des gens. Je serai là pour te soutenir.

N'oublie pas de faire de ton mieux pour atteindre tes objectifs et de te rendre fier. Ce n'est pas grave si tu ne réussis pas du premier coup ; continue à t'entraîner et à apprendre.
Comme je l'ai écrit à DD : écoute, sois toujours respectueux et gentil, et tu seras respecté par les autres qui entreront dans ta vie. Même si tu es fort et compétitif,

être têtu peut te mettre en colère, alors écoute les autres avant de parler.

Ethan, j'aime te voir grandir et devenir plus intelligent chaque jour, mais j'aimerais que tu restes petit. Reste qui tu es, mon doux et attentionné garçon. Je t'aime tellement.

***

Damien et Ethan, en tant que frères, vous êtes parfois comme de la craie et du fromage, mais la plupart du temps, vous vous entendez si bien et vous vous aimez vraiment. J'espère que vous resterez proches en tant que frères et amis pour toujours. Je sais que vous aurez des disputes, surtout quand vous grandirez, mais pardonnez-vous les uns aux autres. Comme je l'ai dit, soyez gentils les uns envers les autres.

En grandissant, vous rencontrerez des difficultés. Ce n'est pas grave. Prenez chaque jour comme il vient. Restez calme, fixez-vous des objectifs et restez concentré. Profitez de la vie au maximum. Explorez le monde et découvrez d'autres cultures. Rencontrez de nouvelles personnes. La vie ne se résume pas à ce que vous avez. Il s'agit des souvenirs que vous avez et aurez et des personnes que vous aimez. Faites de votre mieux pour créer de bons et joyeux souvenirs. Prenez aussi beaucoup de photos, afin de pouvoir partager ces souvenirs.

Menez une vie équilibrée. Prenez le temps de travailler et de vous amuser.

Prenez soin de vous. Considérez l'argent comme une énergie. Plus vous en donnez, plus vous en recevez en retour. Il peut vous acheter la liberté. Gardez cela à l'esprit et apprenez à travailler intelligemment pour avoir la liberté de faire les choses que vous voulez et que vous aimez. Aidez les personnes dans le besoin, donnez à des œuvres caritatives ou faites du bénévolat. Les récompenses sont une bénédiction.

Si un jour vous avez une famille à vous, soyez un bon partenaire et un bon père. Prenez soin d'eux et soyez toujours à leurs côtés lorsqu'ils ont besoin de vous. Profitez d'eux, car ils grandissent trop vite, et apprenez-leur bien. Apprenez-leur aussi à être respectueux et gentils. Aimez-les plus que tout au monde.

Mes fils, j'espère que vous continuerez à devenir incroyables et à devenir des adultes aimants et attentionnés. Et n'oubliez pas de faire des câlins et d'embrasser votre maman. Je vous aime tous les deux plus que vous ne le saurez jamais et je suis fière d'être votre mère. Je sens que nous faisons quelque chose de bien en vous élevant.

Je vous souhaite à tous les deux une vie très heureuse et épanouissante.

Avec amour du fond du cœur, Maman

Melissa Desveaux

Melissa Desveaux est une épouse et la mère de deux garçons.

Après avoir perdu ses quatre bébés à la suite de fausses couches et de mortinaissances, elle a écrit ses propres mémoires, *My Life of Loss*, et a compilé et publié deux anthologies, *Comfort for the tears*, *Light for the way* et *Comfort for the Tears*.

Ces recueils sont écrits par des femmes qui ont également connu des difficultés liées à la grossesse.

En plus d'être citée dans un certain nombre de publications, dont l'une figure sur la liste *Brainz 500 Global de 2020*, Melissa a également contribué à trois autres anthologies. Sa dernière anthologie, Letters of Love/Lettres d'amour, est écrite par douze auteurs du monde entier pour partager l'amour sous de nombreuses formes.

En tant que consultante en matière d'écriture, Melissa a pris les mesures nécessaires pour développer une entreprise qui aide les auteurs inspirés à écrire et à publier eux-mêmes leurs histoires personnelles afin qu'elles puissent inspirer et changer des vies.

Elle a remporté un *Australia Day Award* pour son dévouement et son engagement à aider les familles à faire face à la perte d'un enfant pendant la grossesse et est ambassadrice de soutien par les pairs pour le réseau de soutien *Pink Elephants*.

Les enfants de Melissa

Un rayon de soleil dans la tempête

Au cours de l'été 1980, en haut d'une montagne, au milieu d'une nuit d'orage, dans un pays tropical appelé les Philippines, il y avait un enfant aux cheveux d'or, si petit, si tendre et aimé dans les bras de sa mère dès sa naissance.

Elle était un rayon de soleil pour tous ceux qu'elle connaissait et était aimée par tous ceux qu'elle rencontrait. Pourtant, le destin avait d'autres plans pour elle.

Cet enfant, c'était moi...

Cela fait trop longtemps que vous souffrez de colère, ou même de haine, qui s'est enracinée en vous au-delà de votre compréhension innocente, inconsciemment. Une rage construite pendant toute votre enfance. Ce trait de caractère a eu un impact sur votre bien-être dans tous les aspects de votre vie. Maintenant, il est temps de laisser partir toutes les blessures et les brisures en vous. Il est temps d'affronter cette petite fille blessée et de guérir votre cœur brisé. C'est la raison pour laquelle j'écris cette lettre à toi, ma jeune personne, "Melysa".

***

Ma très chère "Melysa".

Tu as toujours été différente de la foule, non seulement parce que tu es née moins fortunée, mais aussi parce que tu t'es défendue très jeune, malgré ton esprit innocent et curieux. Vous avez toujours suivi votre intuition, quelle que soit votre peur, un instinct fort qui vous a guidé tout au long des années d'épreuves et de luttes.

Indiscutablement, comment pouvez-vous comprendre que ces obstacles que vous avez traversés dans le passé étaient les meilleures leçons de vie qui sont devenues les catalyseurs de qui et de ce que vous êtes devenu aujourd'hui ?

Vous souvenez-vous encore de la fois où, à l'âge de quatre ans, votre père vous a appris à faire du vélo ? La bicyclette était si énorme que tu pouvais à peine toucher le sol avec tes pieds ! Mais cela n'avait pas d'importance pour toi ; tu étais si heureux et fier d'apprendre à faire du vélo surdimensionné.

Parce que tu t'amusais, ton cœur était ravi d'avoir réussi quelque chose de si petit qui avait quand même une signification importante pour toi. Tu dois admettre que c'était l'un des plus beaux moments que tu as partagés avec ton père.

Je m'en souviens encore comme si c'était hier. C'est un moment que je chérirai toujours.
Vous ne saviez pas que ces instants candides ne durent qu'un temps.

Vous avez grandi dans un environnement où vous n'avez pas vu un exemple divin de la part de votre père, mais plutôt été témoin d'abus d'alcool, de jeux d'argent, d'adultères, de trahisons et de situations douloureuses qu'il a causés à vous et à toute votre famille.

Cependant, en regardant aujourd'hui de mon point de vue, une "Melysa" plus âgée et plus sage, je peux dire que tu as encore beaucoup de chance d'avoir une mère qui t'a appris tout ce qui est bon et merveilleux dans la vie : Porter la foi vers Dieu. Avoir une attitude intègre. Être tout à fait honnête avec soi-même.

Et tout simplement, une mère qui t'a guidée pour devenir la jeune femme indépendante que tu es malgré tout ce qui s'est passé et dont tu as été témoin de la part de ton père. Tu as gagné et construit un cœur joyeux malgré un environnement cruel ! Rien que pour cela, je me suis rendu compte que ces obstacles ne t'ont pas seulement façonnée mais t'ont poussée à aller de l'avant, et à chercher des réponses dans la vie pour une plus grande cause...

Je tiens à t'assurer, ma très chère "Melysa", que tu as eu la chance de recevoir l'amour inconditionnel de ton grand-père qui a cru en toi. Il t'a appris à être fière de ce que tu es ! Il t'a appris le karaté et le kickboxing, t'a appris à conduire, est allé pêcher pour toi quand tu n'étais qu'un bébé afin que tu aies de délicieux plats dans ton assiette. Il t'a guidé jusqu'au bout et t'a défendu à tout moment contre tout le monde, quand personne n'écoutait. Il est devenu votre figure paternelle et un exemple de ce qu'un père devrait être pour ses enfants et vous a appris à rire et à être la lumière que vous êtes.
Et oh, il me manque tellement. J'aimerais pouvoir l'appeler aujourd'hui et lui dire "merci" d'avoir été notre ange gardien...

On t'a accordé de multiples talents tels que la danse, le chant, un esprit créatif dans toutes les plates-formes, et un leadership qui t'a fait atterrir dans différents endroits dans ton enfance ; toujours l'un des meilleurs dans la foule. Une fois de plus, tout cela, malgré le rejet de votre père qui vous a montré et dit de manière irréfutable, "L'éducation n'est pas nécessaire, et encore moins de vous envoyer dans des écoles et des universités de premier plan !". Cependant, toutes ces choses sont arrivées grâce aux conseils de votre mère qui a travaillé dur pour vous et vos jeunes frères et sœurs et qui a tout fourni du mieux qu'elle pouvait.

Au milieu de toutes les difficultés que vous avez connues en tant que jeune enfant et des innombrables rejets, en particulier de la part de votre père, vous avez toujours réussi à arborer un sourire joyeux, si contagieux que tout le monde veut être entouré de vous. Vous avez dans votre cœur un bonheur pur et authentique. Ce sont des traits de caractère que tu n'as inévitablement pas pu cacher au monde, car peu importe à quel point les choses étaient difficiles à l'époque ou pouvaient te sembler impossibles, là où il y a de la vie, il y a de l'espoir.

Certes, à l'époque, tu ne pouvais pas le dire, mais je te dis maintenant que depuis ta naissance, tu as perpétuellement apporté bonheur et joie à beaucoup. C'est parce que tu as un cœur pur imprégné d'amour.

Beaucoup t'auraient dit à plusieurs reprises que tu apportes de la lumière dès que tu entres dans une pièce, et tu n'as jamais compris pourquoi. C'est un don de Dieu que vous ne pouvez ignorer, un don que vous avez ensuite utilisé pour avoir un impact sur des vies ! Laissez un héritage significatif à vos futurs enfants et aux leurs.

Montrez à l'humanité que vous n'êtes pas ce qui vous est arrivé. Vous êtes ce que vous choisissez de devenir ! Votre passé ne définit pas qui vous êtes aujourd'hui !

Tout cela, je veux le partager avec vous parce que je sais que vous vous êtes demandé pendant trop longtemps : "Pourquoi certaines choses se sont-elles produites dans ma vie qui m'ont semblé si douloureuses et surtout injustes ?" Je ne vous en veux pas pour cela, mais comme mentionné précédemment, n'ayez crainte. Toutes les douleurs et obstacles passés que vous avez rencontrés étaient les meilleures leçons de vie que vous puissiez avoir. Les meilleures expériences de la vie seront les catalyseurs de qui et de ce que vous deviendrez dans votre futur moi.

Si je savais à l'époque ce que je sais maintenant...

Par dépit, vous avez remis en question l'œuvre de Dieu. Il a toujours veillé sur toi et continue de le faire.

Il y a eu cet événement dans ta vie qui t'a transformé en adulte du jour au lendemain alors que tu n'avais que huit ans. Vous avez défendu votre mère, enceinte de sept mois. Votre père, alcoolique et violent, portait une hache et l'a presque jetée sur vous et votre mère ! Dans cette seule situation, si Dieu ne veillait pas sur toi, tu aurais pu être gravement blessé, ou pire encore, tu aurais pu mourir. Mais au contraire, Dieu t'a protégé.

Tu étais captif de tes angoisses, tu pleurais en tenant un manche à balai, avec la pensée qu'il protégerait ta mère. Ton corps tremblait, ton esprit était désorienté, et tu étais presque en état de choc ! À l'intérieur, tu criais et demandais de l'aide ! Puis ton grand-père est venu vous sauver tous les deux et a pris la hache. Ça, "Melysa", c'était l'œuvre de Dieu. À partir de ce moment-là, tu as assumé la responsabilité de protéger ta mère à tout prix, inconsciemment.

Il y a eu d'innombrables moments comme ceux-là où tu t'es demandé pourquoi certaines choses dans ta vie étaient arrivées. Pourtant, vous n'avez pas perdu espoir dans la vie. Au contraire, vous avez continué à aller de l'avant. Vous avez toujours vu les bonnes choses de la vie. Toutes ces vérités sont des vérités irréfutables de la façon dont Dieu dit : "Je couvre tes arrières, abandonne tous tes soucis et je te guiderai à travers".

Une chose est certaine. Je veux que vous vous en souveniez, peu importe à quel point cela peut vous sembler désordonné ou inconfortable. Faites confiance au processus. Abandonnez tous vos soucis.

Comme le dit cette phrase biblique de Matthieu 7:7-8 : *"Demandez, et l'on vous donnera ; cherchez, et vous trouverez ; frappez, et l'on vous ouvrira. Car quiconque demande reçoit, celui qui cherche trouve, et à celui qui frappe, on ouvre."*

Personne n'est épargné par l'adversité dans la vie telle que nous la connaissons. Cependant, je tiens à vous assurer que tous les événements de votre vie se sont produits pour une raison, pour une cause plus grande dont vous n'avez pas encore pleinement conscience... et que vous, "Melysa", êtes destinée à créer un impact non seulement sur votre environnement, mais aussi sur votre héritage et le leur.

Partagez votre histoire avec le monde et montrez-leur comment votre parcours dans tous les domaines de la vie au fil des ans, avec des hauts et des bas, revient à une seule chose, et c'était toujours votre croyance et votre confiance en Dieu. Portez la foi qui est enracinée en vous depuis que vous êtes petit.

Comme Maya Angelou l'a dit : "L'amour ne reconnaît aucune barrière, il saute les murs pour arriver à destination plein d'espoir." Cela me fait penser à vous, et cela vous a guidé dans chaque partie et aspect de votre vie et le fera certainement dans votre avenir.

Laissez-moi partager avec vous la sagesse que j'ai apprise...

Écoute avec ton cœur Esaïe 9:2 : "Le peuple qui marchait dans les ténèbres a vu une grande lumière.

*Quant à ceux qui habitaient le pays de l'ombre profonde,
la lumière les a éclairés."*

Où que vous soyez dans les ténèbres maintenant, quelle
que soit l'agonie que votre cœur porte maintenant ou
même dans le passé ; peut-être, vous vous êtes trouvé là
où il est difficile d'avoir de l'espoir, difficile de croire la
paix et l'amour que Dieu promet, difficile de ressentir la
joie et le bonheur auxquels vous aspirez ... rappelez-vous
simplement de chercher des lueurs d'espoir dans les
ombres.

Peu importe ce que tu ressens, tu es vu, connu et aimé...

Mettez Dieu au centre de votre vie. Il est capable de
l'impossible ! Sans Lui, nous ne sommes rien.

Tout ce dont tu parles prend vie...

34

Melysa Aldiano

Melysa Aldiano est née et a grandi à Laguna, aux Philippines. Elle a fréquenté l'Université polytechnique de Santa Cruz, Laguna, où elle a obtenu une licence en technologie industrielle, avec une spécialisation en ingénierie électronique.

En 1998, Melysa s'est installée en Autriche où elle a vécu pendant près de dix ans et a jeté les bases de sa vie. En 2006, elle s'est installée en Belgique où elle mène aujourd'hui une vie heureuse avec ses deux beaux enfants, Daniel et Aurora-Victoria, et son partenaire Marc.

Melysa adore apprendre des langues, lire et pratiquer la pleine conscience. Ses passions pendant son temps libre sont la danse et la musique. Elle est une aventurière, une personne d'extérieur et un esprit libre.

Melysa est un influenceur, un leader d'opinion, un entrepreneur, un auteur de best-sellers internationaux et un conférencier.

Facebook: Page Facebook de Melysa Aldiano : JOY UNFILTERED MOVEMENT

https://www.facebook.com/joyunfilteredmovement/

Instagram : @joy_unfiltered

Courriel : aldianomelysa@gmail.com

Melysa Aldiano - Conseil et coaching

À mes chers enfants :

James, Sean, Seana James, et JaSean,

Les mots de mon vocabulaire ne peuvent exprimer à quel point vous avez tous complètement changé ma vie pour le meilleur. Les enfants ne sont pas censés naître avec un travail à faire, mais vous avez tous fait un excellent travail en me gardant à la terre, concentrée, et en me poussant à exceller pour tous nos avantages. Être votre mère et votre mère a été tout un voyage... difficile et stimulant à certains moments, et TELLEMENT AMUSANT à d'autres, mais chaque seconde en vaut la peine !

Je ne peux pas imaginer ma vie sans vous, même si vous savez tous que j'imagine parfois à quoi ressemblera mon nid vide une fois que vous serez partis. Le calme, l'organisation et le fait de me réveiller pour trouver toute ma nourriture, mes friandises et mes bonbons là où je les ai laissés et dans les quantités que j'ai laissées me manquent.

Pourtant, je t'aime plus que tu ne le susses jamais, et cette lettre est ma tentative de démontrer par écrit à quel point tu es important, magnifique, spécial et précieux pour moi. Pour faire simple... JE T'AIME tellement. Merci de m'avoir choisie pour être ta maman. Je travaille très dur pour faire le meilleur travail possible, et nous savons tous que je demande de l'aide quand je suis dépassée ou quand j'ai besoin d'apprendre de nouvelles compétences pour suivre les nouvelles étapes de ton développement.

Nous avons l'intention de voyager beaucoup dans le monde entier dès que cela sera possible. Cela dit, tu sais à quel point je tiens à apprendre et à comprendre d'autres cultures, perspectives, modes de vie, religions ou systèmes de croyance comme un acte d'amour. Tout au long de cette lettre, vous me verrez faire référence à nos principaux systèmes de croyance et fondements - la loi universelle et la conscience du Christ - tout en reconnaissant la sagesse intemporelle et les thèmes d'amour interconnectés que l'on trouve dans d'autres systèmes de croyance.

Parce que l'amour est partout ; tout autour de nous, à l'intérieur de nous, et en quantité illimitée, où que nous nous trouvions. Passez votre temps à apprendre comment aimer et à le rechercher. Vibrez à cette fréquence. C'est tout ce dont vous avez besoin pour réussir votre vie, à mon humble avis. Rappelez-vous qui vous êtes, aimez-vous, et étendez cet amour aux autres.

C'est tout. Tout le reste n'est qu'une extension de ces idées.

Mais qu'est-ce que l'amour, vraiment ?

Tout au long de votre vie, vous rencontrerez des personnes qui essaieront de vous convaincre que LEUR voie est la SEULE voie et que leur compréhension est la SEULE compréhension que vous devriez avoir, ou que leur chemin est le SEUL chemin que vous devriez prendre. Ils vous tendront parfois une embuscade, de manière inexplicable, en sortant de nulle part, et tenteront de vous imposer leurs opinions au nom de "l'amour". Ou bien, ils essaieront de vous convaincre que si vous ne croyez pas ce qu'ils pensent, vous avez tort, vous irez en "enfer" ou vous ne pourrez pas aller au "paradis".

Je trouve cela extrêmement condescendant, manipulateur et agressif.

Mes enfants, ne leur prêtez aucune attention. Souriez et acquiescez, puis passez à autre chose. De plus, je vous suggère de protéger votre paix en rejetant cette énergie et en la renvoyant dans l'atmosphère d'où elle provient. Avec amour, bien sûr. Pour moi, un tel comportement n'est pas du tout de l'amour. C'est de l'ego, de l'orgueil et de la vanité enveloppés dans un mince placage translucide peint avec le mot "amour" à l'extérieur.

Mes chers amis, en tant que votre mère, je vous encourage à chercher des réponses en vous. Je veux que vous sachiez que l'amour ne se glisse pas dans votre gorge. Il ne va pas se présenter comme le ferait un vendeur agressif, en appuyant sur vos points douloureux et en se nourrissant de vos peurs, de vos vulnérabilités et de vos traumatismes.

L'amour n'est pas ancré dans la peur de manquer quelque chose : FOMO. L'amour s'offre de lui-même. Il est doux et agréable. Il est doux et humble. L'amour véritable est si agréable que vous rechercherez les situations amoureuses créées par Dieu et qui vous sont destinées, intuitivement. Renforcez votre intuition, écoutez-la et faites-lui confiance. Honorez vos sentiments. Ce sont des formes d'amour.

D'après ce que j'ai compris, il existe des lois spirituelles ; certaines d'entre elles sont immuables tandis que d'autres sont mutables. Il s'agit des lois de l'unicité divine, de la vibration, de l'attraction, de l'action, de la correspondance, de la cause et de l'effet, de la compensation, de la transmutation perpétuelle de l'énergie, de la gestation/du « timing » divin, de la polarité, du rythme, de la croyance et du genre. Comprendre ces lois et les appliquer à votre vie, mes graines d'étoiles, est un acte d'amour. Alors, commencez ici et étudiez !

Le reste de cette lettre est un rappel que, quel que soit l'endroit où vous vous trouvez physiquement, si vous opérez à partir d'un lieu d'amour spirituel, vous vous connectez et puisez dans la SOURCE d'où tout découle. Vous opérez à partir d'une position de pouvoir. Et c'est exactement là où vous voulez être. Enveloppé dans le pouvoir de l'AMOUR.

<u>Le canon chrétien, 1 Corinthiens 13 (versets 1-13) dit que :</u>

"Si je parle les langues des hommes ou des anges, mais que je n'aie pas l'amour, je ne suis qu'un gong qui résonne ou une cymbale qui retentit. Si j'ai le don de prophétie, si je peux sonder tous les mystères et toute la connaissance, si j'ai une foi qui peut déplacer des montagnes, mais que je n'ai pas l'amour, je ne suis rien. Si je donne tout ce que je possède aux pauvres et que je livre mon corps à l'épreuve pour me vanter, mais que je n'ai pas l'amour, je ne gagne rien.

L'amour est patient, l'amour est bon. Il n'est pas envieux, il ne se vante pas, il n'est pas orgueilleux. Il ne déshonore pas les autres, il n'est pas égoïste, il ne se met pas facilement en colère, il ne garde pas trace de ses fautes. L'amour ne se complaît pas dans le mal mais se réjouit de la vérité. Il protège toujours, fait toujours confiance, espère toujours, persévère toujours.

L'amour ne fait jamais défaut. Mais là où il y a des prophéties, elles cesseront ; là où il y a des langues, elles se tairont ; là où il y a de la connaissance, elle passera. Car nous connaissons en partie et nous prophétisons en partie, mais quand vient la plénitude, ce qui est en partie disparaît. Quand j'étais enfant, je parlais comme un enfant, je pensais comme un enfant, je raisonnais comme un enfant. Quand je suis devenu un homme, j'ai laissé derrière moi les manières de l'enfance. Pour l'instant, nous ne voyons qu'un reflet comme dans un miroir ; ensuite, nous verrons face à face. Maintenant, je connais en partie ; alors je connaîtrai pleinement, comme je suis pleinement connu.

Et maintenant, il reste ces trois choses : la foi, l'espérance et l'amour. Mais le plus grand de ces trois est l'amour".

Il y a de nombreuses fois où je n'ai pas réussi à vous aimer, selon ces mots. Et pour cela, je m'excuse. Je suis humain, et je fais des erreurs. Je sais que je ne serai jamais parfait, mais je sais aussi que je te donnerai toujours le meilleur de moi-même et que je continuerai à faire de ce genre d'amour mon objectif.

Lorsque nous serons à nouveau en sécurité, nous parcourrons le monde, en partageant nos dons, en nous amusant... et en aimant les autres.

Lorsque nous visiterons l'Inde, nous rencontrerons des gens qui croient profondément en l'hindouisme. Leur dharma, ou mode de vie, inclut l'étude des Vedas. Une citation védique sur l'amour est la suivante :
"Ceux dans le cœur desquels l'OM se réverbère

Sans cesse, sont en effet bénis

Et profondément aimés comme celui qui est le Soi.

Le Soi omniscient n'est jamais né,

Il ne mourra pas non plus. Au-delà de la cause et de l'effet,

Ce Soi est éternel et immuable.

Quand le corps meurt, le Soi ne meurt pas."

-(Katha Upanishad)

Eux aussi comprennent l'amour universel. Nous sommes interconnectés et le pouvoir de la Source est en nous.

Le jaïnisme est un système de croyance, également originaire d'Inde, qui signifie "chemin de la victoire". Leurs écritures sacrées, les Agamas, enseignent le principe suprême de la non-violence (ahimsa). Le souci de tous les êtres est primordial.

Je crois que s'aimer soi-même est aussi un acte radical de non-violence. Lorsque nous ne nous aimons pas, nous créons des situations qui reflètent notre état intérieur. Les choses semblent "fausses" et la synchronicité et la magie qu'apporte la vie amoureuse diminuent et parfois s'arrêtent. Prêtez attention à ces signes. Découvrez où vous n'êtes pas aimant, corrigez cela, puis rejoignez votre chemin.

Lorsque nous visiterons la Chine, nous rencontrerons de fervents partisans du confucianisme, un système de croyance fondé par K'ung Fu-Tzu (Confucius) dont le texte sacré Lun Yu (Analectes) met l'accent sur les vertus morales que sont l'humanité, l'amour (jen) et la filialité (hsiao). Où que vous alliez, enfants... cherchez ceux qui vibrent à la fréquence de l'amour.

À l'époque où Confucius partageait ses réflexions, le philosophe chinois Mo Tzu disait : "Cela est vrai même chez les voleurs et les brigands. Comme il n'aime que sa propre famille et pas les autres familles, le voleur vole les autres familles pour en faire profiter la sienne. Comme il n'aime que sa propre personne et pas les autres, le voleur fait violence aux autres pour son propre profit.

Et la raison de tout cela est le manque d'amour. Cela est encore vrai dans les troubles mutuels entre les maisons des ministres et les invasions mutuelles entre les États des seigneurs féodaux. Comme il n'aime que sa propre maison et pas les autres, le ministre perturbe les autres maisons pour profiter de la sienne. Comme il n'aime que son propre État et pas les autres, le seigneur féodal attaque les autres États pour profiter du sien. Ces exemples épuisent la confusion qui règne dans le monde. Et quand nous en examinons les causes, nous constatons qu'elles proviennent toutes du manque d'amour mutuel." - Mei 19.

La morale ? Mes enfants, rappelez-vous d'aimer votre prochain comme vous-même. Partout où vous allez.

En voyageant en Thaïlande et au Japon, nous rencontrerons des adeptes du bouddhisme. Le Bouddha enseigne que le fondement de toute pratique spirituelle est l'amour. Un amour inconditionnel qui ne connaît pas de frontières, pour être précis. Parce que vous êtes tous aimants et généreux, nous nous intégrerons bien ici.

D'autres régions ont leurs croyances et, bien sûr, la Grande Mama Afrique a une histoire remplie de pratiques sociales qui démontrent que l'amour est un mode de vie. Nos sœurs et frères du Ghana, du Nigeria et de la Côte d'Ivoire partageront avec nous leurs systèmes de croyances traditionnels. Nous allons écouter, apprendre, prendre ce qui résonne, et libérer avec amour ce qui ne nous sert pas.

Mes amours, merci encore pour le privilège et l'honneur d'être votre maman. J'ai hâte de parcourir le monde avec vous, en faisant ce que nous aimons tout en étant, donnant et recevant de l'amour. Chaque jour est meilleur que le jour précédent. Chaque jour, nous augmentons notre capacité à nous aimer et à aimer les autres. Chaque jour, nous approfondissons notre connaissance de l'amour et pratiquons ce que nous n'avons pas encore maîtrisé.

Nous ne serons jamais parfaits, mais la promesse que nous nous faisons les uns aux autres est de continuer à essayer. C'est l'effort qui nous soutient, c'est la grâce qui nous remet sur pied quand tout s'écroule. Vous quatre, plus que toute autre personne ou expérience que j'ai rencontrée, avez démontré l'amour dans sa forme la plus pure. Merci pour ce don. C'est votre présence et votre amour qui donnent un sens à ma vie.

Votre mère aimante, Naomi XO

Lettres d'Amour 45

Naomi Beverly

Naomi Beverly est un coach transformationnel, auteur international à succès, éditrice, spécialiste du soutien par les pairs en matière de santé mentale, éducatrice et chanteuse des États-Unis d'Amérique.

Sa société, Naomi Beverly Coaching, LLC, aide les gens à reconstruire leur vie après un traumatisme dans une communauté de soutien en utilisant l'auto-publication pour prendre soin d'eux-mêmes ainsi que d'autres outils et stratégies. Ses livres préférés sont ceux qui traitent de l'apprentissage et de la sensibilisation aux émotions sociales. Elle est titulaire d'un M.A. en éducation et est à un *capstone* (une pierre angulaire) d'un M.Ed en conception pédagogique.

Pendant son temps libre, elle aime danser, faire du yoga, méditer, faire de la musculation, bien manger et être dans la nature. Naomi est la mère de quatre enfants extraordinaires, dont deux sont autoédités.

http://www.naomibeverlycoaching.com/
Courriel : naomi@naomibeverlycoaching.com

Mon / Ma Cher-ère Ami-e,

Parler d'amour n'est pas toujours facile. Cela nous met à nu et, très souvent, nous pensons que cela nous affaiblit. Mais ce n'est pas le cas. Au contraire, cela nous rend beaucoup plus forts et nous lie les uns aux autres. Aujourd'hui, je saisis l'opportunité qui m'est offerte d'ouvrir mon cœur avant qu'il ne soit trop tard pour exprimer mon affection pour toi.

*A toi qui m'as donné la vie. Tu m'as quitté trop tôt, alors même que je découvrais le monde. Mais je sais que dans l'ombre, tu veilles sur moi. Je t'aime, maman.

*À toi qui, dans quelques années, ne me reconnaîtra peut-être plus. Nous nous sommes éloignés, perdus de vue, mais malgré nos différences, nous nous sommes retrouvés. Je t'aime, papa.

*A ceux qui m'ont porté, soutenu tout au long de ces années sans rien attendre en retour. Je t'aime.

*Et enfin, à vous qui, sans le savoir ou sans le reconnaître, avez été là pour moi. Je vous remercie.

Souvent, les gens me demandent où je puise ma force malgré les obstacles que la vie m'a jeté et les problèmes médicaux. "Dites-moi, s'il vous plaît, comment trouvez-vous la force de pardonner, la volonté d'aller de l'avant et l'optimisme pour continuer à rêver d'un monde meilleur, ainsi que l'énergie pour vous y engager ?"

J'y ai beaucoup réfléchi, et je pense que c'est grâce à **l'Amour**. Un Amour inconditionnel qui se manifeste sous différentes formes.

Quelle que soit notre origine, l'Amour nous lie les uns aux autres sans distinction de race, de couleur, d'âge ou de sexe. L'Amour peut être difficile à voir ou à percevoir, et/ou à reconnaître car il est subtil. Néanmoins, si nous prenons notre temps, si nous observons attentivement, il y a toujours quelque chose autour de nous pour nous rappeler sa présence. Que ce soit dans le sourire d'un enfant ou d'un étranger, le frôlement d'un chat, la caresse du soleil ou le baiser d'un amoureux. Elle peut aussi nous surprendre, à un carrefour, lors d'une rencontre surprenante ou par de petits gestes, comme lorsque quelqu'un vous tient une porte ouverte, ou retient l'ascenseur pour vous ! Nous ne sommes jamais seuls. Ouvrons les yeux, gardons les oreilles ouvertes et soyons attentifs ! L'univers nous parle !

Toujours présent.

Pour moi, l'Amour s'est manifesté par une mère et une sœur. Quand j'étais petite, elles me rassuraient, me berçaient et prenaient soin de moi quand j'étais malade ou que j'avais peur du noir.

Je l'ai aussi reconnu à travers les attentions de mes amis et des inconnus qui, tout au long des années, m'ont encouragée et fait confiance, même dans mes aventures les plus folles !
Et enfin, elle a été présente tout au long de la maladie, au seuil de la mort, alors que les équipes médicales se battaient avec moi pour me maintenir en vie et me soutenaient dans les processus de réhabilitation, et ce jusqu'à ce jour.

Bien que séparés par les continents et/ou par le quotidien, notre relation reste inébranlable et intemporelle. C'est un peu comme lorsqu'on commence une partie d'échecs, puis qu'on l'interrompt pour une période plus ou moins longue. Les pions restent sur l'échiquier. La partie reprend là où elle s'est arrêtée lorsque les joueurs sont réunis comme si rien ne s'était passé.

Je me souviens de cette nuit où nous étions de garde à l'hôpital, épuisés après ces quatre nuits et où tu m'as dit que tu serais toujours là pour moi. Je ne pense qu'aucun de nous ne pensait que cela arriverait ! Je pense que tu ne savais pas à quoi tu t'engageais. Pourtant, tu ne m'as jamais déçu. Au contraire, tu m'as souvent surpris comme lorsque tu as sauté dans un avion depuis l'autre bout du monde pour venir me voir, pour me soutenir alors que je me noyais dans les méandres de la vie et les difficultés financières.

Je me souviens aussi de toi qui m'a prise sous ton aile à mon arrivée à l'université et de toi qui m'a snobé. Rien ne nous prédestinait à être amis et pourtant nous avons vécu de nombreuses aventures ensemble !
Nous voilà, vingt ans plus tard, avec beaucoup de souvenirs à partager et d'autres à venir !
Et enfin, toi, qu'on appelle "sans-domicile-fixe" (SDF), pour qui personne ne se retourne. Et pourtant, vous m'avez sauvé, protégé, nourri quand j'étais terrifié et oublié dans une gare, tard dans la nuit et sans argent, ne sachant pas vers qui me tourner. Je n'aurais jamais pensé que vous pourriez m'aider de cette façon et me guider vers la lumière.

Riches, pauvres, célèbres ou inconnus, célibataires, mariés ou divorcés, malades ou en bonne santé, d'ici ou d'ailleurs, toujours présents les uns pour les autres !
Très souvent, des portes se sont fermées devant moi. On m'a sous-estimé, on m'a dit que ce n'était pas pour moi, que je ne réussirais pas. J'ai eu beaucoup de retours en arrière, j'ai été déçue, trahie, et j'ai souvent eu peur. Je ne

savais pas où je n'allais ni ce que je devais faire. Mais tu as toujours été là pour moi, d'une manière ou d'une autre. Même dans mes heures les plus sombres, au creux de la vague, tu m'as écoutée, encouragée, tu as veillé à mon bien-être (que ce soit par un SMS, un coup de fil, un mot, un sourire...).

Tous ces petits et grands riens m'ont porté.
Tous ces petits moments et souvenirs remplissent mon cœur et mon être de chaleur, et quand j'y pense, ils me font monter les larmes aux yeux. Le bonheur !

Je ne sais pas ce que la vie me réserve, mais j'emporte avec moi tout votre amour et toute votre attention. Je les partage chaque jour avec le monde et tous ceux que je rencontre.

Je ne te l'ai peut-être pas dit avant car ce n'était pas dans ma nature de dire ces choses ! Mais sachez que je vous aime pour m'avoir aimée ainsi sans jugement et pour avoir été présent dans ma vie.

Tendrement, Willema

Willema Girard

PDG de Willema Girard Voice Sàrl

Présidente de l'association RFWB – *Reconnect For a World Better*

Executive Master Coach – Business Consultante – Formatrice- Oratrice

(Santé Mentale, Incident critique, Gestion du stress, Développement du leadership)

Fervente partisane des Sustainable Development Goals

SDGs 2030 et Actions – https://sdgs.un.org/fr/goals

Humaniste - La Voix du peuple

Née en Guadeloupe (île française des Caraïbes), vivant en Suisse.

Pour me contacter :

Email : communication@willemagirardvoice.com

Site web : https://willemagirardvoice.com

Ma très chère maman, Clemencia,

C'est un moment précieux dans le temps.
Toi et moi, tous deux vivants et vivant dans ce monde ensemble. Rire, apprendre, aimer, et chacun créer son propre héritage.

Quel moment parfait pour moi de m'asseoir ici, dans un silence quasi total, en appréciant la voix apaisante de Jim Reeves qui chante doucement en arrière-plan. Je me souviens de vous et de la raison pour laquelle j'aime toujours la musique country.

À l'époque, le son de la musique était plus significatif et familier pour moi. Aujourd'hui, ce sont les paroles qui sont devenues plus audibles alors que je te dédie cette chanson, une de tes anciennes favorites, maman :

Je t'aime parce que tu comprends, mon chéri
Chaque chose que j'essaie de faire
Tu es toujours là pour me donner un coup de main, chérie
Je t'aime surtout parce que tu es toi.

Peu importe ce que le monde peut dire de moi
Je sais que ton amour me permettra toujours de m'en sortir
Je t'aime parce que tu ne doutes jamais de moi.
Mais surtout, je t'aime parce que tu es toi.

Je t'aime parce que mon cœur est plus léger
Chaque fois que je marche à tes côtés
Je t'aime parce que l'avenir est plus lumineux

La porte du bonheur, tu l'ouvres en grand.

Peu importe ce que le monde peut dire de moi
Je sais que ton amour me permettra toujours de m'en sortir
Je t'aime pour cent mille raisons
Mais surtout, je t'aime parce que tu es toi.
.
L'année 2020 a été éprouvante pour l'humanité. Alors que beaucoup ont fait l'expérience de la distanciation sociale et de la séparation familiale pour la première fois, j'ai survécu à une autre année de séparation à long terme avec toi et ma famille zimbabwéenne.

Heureusement, nos longues conversations téléphoniques et l'accès aux médias sociaux atténuent l'effet de la distance. Je me souviens encore de l'époque où, avant les médias sociaux et les smartphones, les seules options de communication étaient le courrier postal et les cabines téléphoniques publiques, qui étaient plutôt pointilleuses sur la taille des pièces qu'elles acceptaient !

Aujourd'hui, je vous écris une lettre

Je revisite la pratique démodée de l'écriture de lettres, juste pour te dire combien je t'aime. J'apprécie le fait de pouvoir te communiquer cet amour. Mais il y a une petite différence. Au lieu d'aller à la poste chercher une enveloppe et un timbre, j'ai pris mon courage à deux mains, j'ai gagné la bataille contre la peur et j'ai saisi l'occasion de publier cette lettre. Oui, publiée !

En plus d'avoir influencé un genre de mes goûts musicaux variés, tu m'as également transmis l'amour de la lecture. Les enfants ont un animal de compagnie, l'écaille de tortue, et de temps en temps, j'ai un petit fou rire en pensant à mon chaton préféré, le Chat botté. Je me souviens même de ma paire préférée et importante de bottes rouges, lisses et en velours que tu as achetées pour ma petite fille de quatre ans, en jurant : "Je ne laisserai pas un grain de poussière sur ces bottes !".

Avec les contes de fées sont venus le coloriage par numéros, l'art du point à point, les mots croisés, les mots cachés et enfin l'écriture. L'écriture qui a commencé avec le crayon toujours naturellement attiré vers ma main gauche, mais avec des encouragements, elle s'est déplacée vers ma main droite jusqu'à ce que, dans la confusion, je maîtrise l'art d'alterner entre les deux !

J'apprécie toujours ces passe-temps d'enfance qui, à l'âge adulte, sont devenus des formes de thérapie. Papa (RIP) attendait toujours avec impatience de recevoir mes lettres et me répondait loyalement en me complimentant sur mon vocabulaire impressionnant, ma grammaire et mon orthographe. Je le taquinais en réponse, lui faisant remarquer que l'enseignant en lui avait pris sa retraite mais n'était certainement jamais parti !

À l'âge de quatorze ans, je savais que je voulais devenir auteur autant que je voulais un jour me marier et avoir des enfants. Mon désir spécifique d'écrire était motivé par une femme étonnante que j'observais de près. Une femme qui assumait ses responsabilités au sein de sa famille et de sa communauté avec diligence, en faisant preuve de gentillesse, d'attention et de générosité.

"Un jour, je vais écrire ton histoire, maman", lui ai-je promis. "Elle inspirera et motivera beaucoup de gens et deviendra un best-seller."

Les mots sont puissants

"Parle de la vie. Disciplinez votre langue car elle a le pouvoir de construire et de détruire", nous disiez-vous. Cette instruction s'accompagnait d'une règle de vie stricte et non négociable : "Personne n'a le droit de parler de soi de manière négative ou de tenir des propos négatifs à l'égard de quelqu'un d'autre." Le langage vulgaire était une condition sine qua non. Les trois phrases magiques "s'il vous plaît", "merci" et "désolé" étaient importantes, et vous nous rappeliez régulièrement l'impact de ces petits mots sur la qualité des relations.

Les affirmations sont des cadeaux que l'on donne sincèrement et grâce à elles, tu m'as inculqué une confiance qui me permet de me relever chaque fois que la vie m'envoie un coup de poing. Merci pour ton éducation positive. Dans mes propres situations difficiles, je me demande : "Comment maman s'y prendrait-elle ? Une bénédiction que je ne prends pas pour acquise est que j'ai toujours la possibilité de décrocher le téléphone et de vous demander votre avis.

Comme beaucoup de gens, votre vie a été un mélange de choses. Vous êtes un être spirituel parfaitement imparfait qui vit une expérience humaine, et vous connaissez des hauts et des bas. Ce qui me frappe, c'est votre calme et votre élégance en toutes circonstances. Contre vents et marées, tu marches dans la gratitude, l'amour et l'humilité, confiant dans le fait que le soleil brillera à nouveau.

Il y a quelques années, j'étais au fond de la vallée. Au pire de mes moments, abandonner semblait trompeusement attirant. Dans ma faiblesse, tu es devenu toute la force dont j'avais besoin pour ma famille et tu as porté notre poids et nos responsabilités. "Mets-toi à genoux et prie", disais-tu. "Il y a un temps pour tout. Marche dans la foi, cela aussi passera. Je prie pour toi."

Je sais que tu pries toujours pour moi. Tu ne pries pas seulement pour moi, mais pour tous tes enfants et petits-enfants et tes requêtes nous abritent.

Mon hiver est enfin passé. C'est le printemps maintenant. "Le printemps, le temps des plans et des projets", selon les mots de Léon Tolstoï, et me voilà en train de vous écrire et de partager cette histoire sur ma mère, qu'à l'âge de quatorze ans, je vous avais promis d'écrire. Tel est le pouvoir des mots.

Vos petits-enfants entendent tout le temps des histoires sur vous. Des histoires sur votre enfance, vos défis et la transformation qui s'est opérée grâce à votre travail acharné, votre persévérance et votre foi. Je vois qu'eux aussi sont au printemps, apprennent, planifient et visualisent. Ils se découvrent eux-mêmes et, en leur temps, ils s'épanouiront pleinement.

En effet, il y a un temps pour tout et une saison pour toute activité sous le ciel.

Votre nid est vide maintenant. Je me réjouis lorsque vous me tenez au courant de vos dernières escapades. Le projet d'église sur lequel vous travaillez ou la prochaine activité de collecte de fonds au profit d'une initiative communautaire. Les dîners, les braderies, les visites à la bibliothèque et les voyages à l'étranger. Comme vous n'avez pas à vous occuper de la garde des enfants, à aider à la réalisation des devoirs et des projets ou à préparer les repas de famille à temps, la santé est votre meilleure amie, et la liberté et le temps, vos alliés. Profitez des trois.

Moi aussi, je prie pour toi, maman. Une simple prière pour une vie longue et saine, afin que tu puisses profiter pleinement des fruits de ta semence. Vous avez courageusement et avec succès vécu avec un objectif, poussée par votre vision de changer le récit dans lequel vous êtes née et de construire un héritage pour vos enfants et les générations suivantes. Merci, maman. Ta vision résonne en moi et continue de vivre. Tu es sincèrement et profondément aimée et appréciée. Je te souhaite de la joie, du bonheur et surtout de l'AMOUR.

Je t'aime et je comprends, maman
Les choses qui comptent pour toi,
Aimer, donner, servir et prendre soin
Je t'aime surtout parce que tu es toi.

Peu importe ce que le monde peut dire de toi
Je sais que tu aimes parce qu'il t'a aimé le premier
Je t'aime pour la façon dont tu marches dans une foi
inébranlable.
Mais par-dessus tout, je t'aime parce que tu es toi.

Je t'aime parce que mon cœur est en sécurité
Chaque fois que tu es à mes côtés
Je t'aime parce que l'avenir est plus brillant.
La porte aux possibilités illimitées, tu l'as ouverte en
grand.

Peu importe ce que le monde peut dire de toi
Je sais que ton amour vient de la fontaine de l'amour.
Je t'aime pour cent mille raisons
Mais surtout, je t'aime parce que tu es toi...

***

Mes enfants, Rudaviro, Runako Anthony, et Joley Mufaro,

Je vous ai souvent dit que je vous aime

Je continuerai à vous le dire pour toujours, mais il faudrait une éternité pour que ces mots expriment adéquatement la véritable profondeur de ce que je veux dire. Chacun d'entre vous est un cadeau précieux, aimé différemment mais également. Vous materner est un privilège et il y a trois moments dans ma vie qui me sont les plus chers.

Rudie, à 01h40 du matin, un mardi soir calme et chaud au milieu d'un été zimbabwéen, tu as changé ma vie pour toujours. Tu as ouvert la porte à mon rêve d'enfant de devenir maman, en apportant avec toi les cadeaux de la raison de vivre et de l'amour. "Merci, petite fille."

Cinq ans plus tard, à 7 h 28 du matin, par un mardi frais et vivifiant, au début d'un printemps irlandais, tu as aussi changé ma vie pour toujours. J'allais maintenant connaître l'expérience d'élever à la fois une fille et un fils. Tu as apporté avec toi les cadeaux de l'équilibre et de l'amour. Tu m'as ancré dans le sol. "Merci, mon petit garçon."

Quatre ans plus tard, le dernier membre de notre famille est arrivé, aimé par ses parents et ses frères et sœurs dès qu'il n'était qu'une idée. Joley, à 00h30 du matin par un dimanche soir humide et hivernal, tu es arrivée avec des sacs d'amour et assez de chaleur pour annuler l'hiver. "Merci, Baby Girl."

Aujourd'hui, je vous regarde tous les trois avec émerveillement. Où sont passées les années ?
***

Rudaviro,

"Mon Rudie, le mien."
J'admire et respecte la belle jeune femme que tu es devenue en dix-neuf ans. Une personne à l'écoute attentive et empathique, au grand cœur, attentionnée, douce, raisonnable et tranquillement équilibrée, forte et déterminée. Nous sommes tous si heureux de t'avoir dans notre famille. Un troisième avis d'adulte pour maman et papa et une caisse de résonance pour Runako et Joley.
Dès votre plus jeune âge, vous avez identifié votre but dans la vie : aider et guérir les gens. Les six prochaines années d'université seront difficiles, mais tu es plus fort. Continuez, Doc McRudie, un pas après l'autre. Vous avez une équipe solide derrière vous qui vous encourage à réussir !
J'adore recevoir des photos de toi, de tes dernières aventures. Continue à travailler dur et à jouer plus fort. J'attends avec impatience votre prochain voyage à la maison ou peut-être un week-end en famille, cette fois chez vous ? Il y aura du thé à renverser !
Nous avons eu tellement de discussions de filles et il y en aura encore beaucoup. Je n'ai pas besoin d'en dire plus, sauf que les possibilités qui s'offrent à vous sont illimitées. Marchez dans la foi et l'espoir comme votre nom le signifie, Rudaviro, confiant dans votre source. Porte en toi la gratitude, l'amour et l'humilité, et laisse la vie se dérouler devant toi. Maman prie pour toi et t'aime.

***

Runako,

"Mon fils préféré", ce à quoi tu souris et réponds astucieusement : "Ton seul fils". Que j'aie un fils, c'est vrai. Que tu sois mon fils préféré, comme Rudie et Joley sont mes deux filles préférées, c'est tout aussi vrai.

Quatorze ans se sont écoulés depuis le premier jour de notre rencontre. Ouah ! J'apprécie le temps que nous passons ensemble, car j'apprends à te connaître un peu différemment. Mon petit garçon est parti et un jeune homme est en train de naître.

Jusqu'à présent, j'aime ce jeune homme devant moi, qui fait preuve de qualités très admirables pour son âge. Ta passion, ta discipline et ton dévouement sont inégalés et évidents sur tous les terrains que tu joues. Tu es toujours à l'heure, attentif et respectueux envers ta famille, tes professeurs, tes entraîneurs, tes coéquipiers et tes nombreux amis. Continue à faire ce que tu fais, et plus encore. Nous t'encourageons!

Tu es une star, Atk, le meilleur et le plus parfait des fils et des frères ! Ton cœur est aussi beau que la signification de ton nom, Runako-rwashe, une beauté qui vient d'en haut et de l'intérieur. Peu importe ce que la vie te réserve, garde ce beau sourire et ton éclat. Je suis enthousiaste pour ton avenir, mon amour. Maman prie pour toi et t'aime.

***

Joley,

"Mes câlins". Mufaro, joie, et bonheur. Insouciant, aimant, attentionné et généreux. J'aime ta créativité, ton énergie, ton sens de l'humour rapide, et ta sensibilité aussi.

Jusqu'à présent, j'ai surtout ri avec toi en lisant un livre de Dork Diaries, le soir, dans un lit chaud et douillet. Nous devrions bientôt nous rendre dans une autre librairie pour rattraper le temps perdu pendant les jours de quarantaine. Qui a besoin de COVID-19 de nos jours, surtout quand on ne peut même pas tousser pour s'éclaircir la gorge sans être regardé avec suspicion !

Je me demande ce que Mackenzie aurait à dire si quelqu'un osait tousser près d'elle ? Faisons la danse de la nausée!

La vie est belle avec toi dedans, Joley Moley. Profitons d'avoir 10 ans. J'attends avec impatience notre prochaine excursion en ville avec toi. Je t'aime, ma chérie, et je suis excitée par tout ce qui nous attend dans ce beau voyage mère-fille. Maman prie pour toi et t'aime.

Rudie, Runako, Joley. Vana vangu, munondipa Rudaviro neMufaro muRunako-rwashe. Vous êtes le "POURQUOI" de tout ce que je fais, le centre de la vie de vos parents, et pour toujours nos "élans".
Parce que nous...

Libby Monica

Libby est un auteur. Blogueuse. Coach et mentor en matière de mentalité et d'autonomisation.

Sa dernière publication est une anthologie, Letters of Love, écrite en collaboration avec onze auteurs internationaux à succès.

En plus d'être un auteur, Libby a une mentalité de croissance qui la rend ouverte à de nouvelles expériences, de nouvelles personnes, de nouveaux endroits et de nouvelles choses. Elle s'investit sans réserve dans son propre développement personnel et professionnel et encourage les autres à faire de même pour obtenir des résultats étonnants et une vie épanouie.

Libby aide les femmes à briser les chaînes de l'anxiété, de la peur et d'un état d'esprit limitatif, afin qu'elles se connectent à leur objectif de vie et à leur valeur personnelle, et qu'elles deviennent confiantes, guidées par leur vision et prospères.

Sa passion est de voir les gens se connecter à leur étoile polaire et vivre leur meilleure vie.

Courriel : libby@libbymonica.com

Facebook : https://www.facebook.com/libby.sweetman.9

Site Web : www.libbymonica.com

À mon Fils, Jasper

"Pour le monde, tu es peut-être un, mais pour nous, tu es notre monde."

Chaque fois que je commence à écrire une lettre pour toi, j'ai une foule de pensées qui me viennent à l'esprit sur ce que je veux écrire, mais ensuite il est temps pour moi de mettre réellement le stylo sur le papier et je ne semble jamais trouver les bons mots.

Il est facile, en cas de perte, de se concentrer sur les aspects négatifs. Il est difficile, face à une telle tragédie, de trouver quelque chose de positif. C'est pourquoi cette lettre pour vous est différente. Cette lettre va te parler de ce que ta perte m'a appris, non seulement sur la vie en général mais aussi sur moi-même.

"Le deuil est un jeu méchant qui consiste à ressentir le plus faible que vous ayez jamais ressenti et à le transformer en la personne la plus forte que vous aurez à devenir." - Windgate Lane

Durant les premiers mois qui ont suivi votre perte, je me suis constamment dit. Je n'aurai jamais assez de force pour traverser cette épreuve, et pour être honnête, il y a encore des jours où les montagnes russes du chagrin commencent à me rattraper et où je pense que toute ma force a été consommée et je me demande comment je vais réussir à en trouver d'autres. Je suis stupéfaite de la force intérieure dont disposent les êtres humains, et vous n'avez aucune idée de la force que vous avez jusqu'à ce que vous viviez une expérience qui vous oblige à utiliser cette force quotidiennement.

J'ai appris que la force intérieure signifie que l'on a de la résilience, de la persévérance et de la ténacité - la force dont on a besoin pour faire face aux situations difficiles - et ce sont des qualités que je ne savais pas que j'avais avant de te perdre. Chaque jour, je me demande sans cesse d'où vient cette force supplémentaire qui me permet de continuer à avancer (je n'ai toujours pas la réponse), mais je me rappelle constamment que "la lutte que tu mènes aujourd'hui développe la force dont tu auras besoin demain".

"Le chagrin est comme l'océan, il vient en vagues qui refluent et coulent. Parfois l'eau est calme, et parfois elle est accablante. Tout ce que nous pouvons faire, c'est apprendre à nager." - Vicki Harrison

GRIEF (doléance) ... quel mot ! La vraie définition du mot est "une peine intense, spécialement causée par la mort de quelqu'un". J'ai été surpris de découvrir grâce à Google que ce mot pouvait être résumé en une phrase aussi courte.

Je crois que le fait d'apprendre la véritable profondeur et la forme du deuil dans sa "forme la plus pure" m'a donné une vision complètement différente de la vie. J'ai appris que le deuil dure toute la vie et que je serai en deuil toute la vie, qu'il n'est pas possible de "surmonter" ou de "réparer" le deuil ; que tant que je respirerai, je serai en deuil pour vous. Le deuil est un voyage long et fatigant, avec de nombreux chemins, pas seulement un.

Te perdre m'a appris que le deuil fait partie de la vie quotidienne d'un parent endeuillé et qu'il sera toujours une grande partie de ce que je suis maintenant. Ce n'est pas si longtemps après t'avoir perdu que j'ai réalisé que pour survivre à mon avenir sans toi, l'une des plus grandes choses que je devais faire était d'accepter mon chagrin, d'accueillir mon chagrin (embrasser mon chagrin) et d'apprendre à vivre avec. En l'affrontant et en l'acceptant, il est devenu plus facile de vivre avec. Faire son deuil, c'est aimer et aimer pour toujours, c'est faire son deuil pour toujours. Le chagrin est la forme la plus pure de l'amour, et te perdre m'a montré à quel point le chagrin et l'amour pu être profonds.

"On a dit que le temps guérissait toutes les blessures. Je ne suis pas d'accord. Les blessures restent. Avec le temps, l'esprit, protégeant sa santé mentale, les recouvre de tissu cicatriciel et la douleur s'atténue. Mais elle ne disparaît jamais." - Rose Kennedy

Je me souviens avoir entendu tant de gens dire que "le temps guérit toutes les blessures" et que "ça va devenir plus facile". Te perdre m'a appris que le temps ne guérit pas toutes les blessures - que ce soit un mois ou un an après ta perte (et même un peu plus de trois ans après), la seule chose que le temps fait est de me donner l'opportunité d'apprendre comment continuer à faire face à ta perte, et il me donne le temps de continuer à apprendre comment m'adapter à ma vie et à mon avenir sans toi. Malheureusement, le temps est l'un de mes pires ennemis, car j'ai l'impression que ta perte remonte à hier, mais aussi à dix ans en même temps (comme si j'étais dans une folle machine à remonter le temps).

Chaque jour qui passe signifie que je me rapproche un peu plus de la possibilité d'être avec toi pour l'éternité, là où le temps n'existera plus et où ma douleur n'existera plus. En attendant, j'ai trouvé un moyen de transformer l'aspect négatif du temps associé à la perte en un aspect positif. J'ai appris que le temps me permet de vous honorer, de me souvenir de vous et de créer un héritage pour vous. Sans le temps, je ne serais pas en mesure de faire tout cela et, plus important encore, j'ai réalisé que le temps me donne l'occasion de continuer à être ta mère.

"Personne d'autre ne connaîtra jamais la force de mon amour pour toi. Après tout, tu es la seule à savoir à quoi ressemble mon cœur de l'intérieur." - Auteur inconnu

J'ai appris que, la plupart du temps, les personnes qui n'ont jamais perdu un enfant ou un bébé ne semblent pas comprendre (ou essayer de comprendre) que l'amour que je te porte est permanent comme l'amour qu'une mère porte à un enfant vivant. Il semble que certaines personnes pensent que l'on peut soudainement faire disparaître ces sentiments et que l'on finit par aller bien après avoir perdu un bébé. Ce n'est pas le cas.

Ta vie et ta mort m'ont appris que l'amour et le lien entre une mère et son enfant sont éternels - ils commencent dès la conception et continuent de croître et de se développer tout au long de la grossesse. L'amour ne meurt jamais, donc il n'y aura jamais un moment où je cesserai de t'aimer. Cela signifie que les parents endeuillés aiment leurs enfants inconditionnellement, toujours et à jamais, tout comme les parents d'enfants vivants.

Ce que la société ne semble toujours pas comprendre, c'est que les parents endeuillés sont toujours des parents. Je t'ai conçu, je t'ai porté pendant trente-sept semaines et j'ai formé avec toi un lien que la mort ne pourra jamais briser. Peu importe ce que les gens me voient ou m'entendent faire, j'ai appris que la plupart d'entre eux ne seront jamais capables de comprendre la force de mon amour pour toi.

"La perte d'enfant est sans fin... nous sommes constamment en train de regretter les souvenirs que nous n'avons jamais créés dans l'avenir que nous imaginions avoir." - Sandra

Il y a tellement de choses que ta perte m'a appris. J'ai perdu d'autres personnes dans ma vie (même de façon tragique et inattendue), mais je sais maintenant que la perte d'un enfant est sans fin. Ton absence se fait sentir quotidiennement dans tout ce que je fais ; il y a certaines périodes de l'année et certaines occasions où ton absence est ressentie plus profondément que d'autres, où nous devrions être en train de créer de nouveaux souvenirs ensemble en tant que famille, comme je l'avais toujours imaginé.

Cependant, ce voyage m'a appris que même si je ne suis pas en mesure de créer des souvenirs avec toi, j'ai la possibilité de créer des souvenirs qui t'incluent. Un peu plus de trois ans plus tard, je continue à faire tout ce que je peux pour créer ces nouveaux souvenirs et je sais que je continuerai à le faire pour toujours. Je choisis d'essayer de créer quelque chose de spécial à partir d'un tour de montagnes russes sans fin.

"Une vie qui a du sens, ce n'est pas d'être riche, d'être populaire, d'être très instruit ou d'être parfait... c'est d'être vrai, d'être humble, d'être fort et d'être capable de nous partager et de toucher la vie des autres." - Auteur inconnu

Lorsque j'ai appris que j'étais enceinte de toi, beaucoup de choses ont changé. J'ai changé. Soudain, ma priorité dans la vie était de devenir une meilleure personne, de m'assurer que je serais une mère que tu pourrais admirer et dont tu serais fière. Le centre de mon univers s'est soudainement déplacé et changé, et tu es devenu tout ce qui comptait, tu es devenu plus important que la vie elle-même. Te perdre m'a fait vraiment réfléchir au type de personne que je voulais être.

On dit que lorsque vous perdez un bébé, votre monde entier change, et je peux honnêtement dire que c'est vrai. Après avoir passé trente-sept semaines à réfléchir au genre de vie que je voulais t'offrir, aux choses que je voulais que nous réalisions en tant que famille, et au type de mère que je voulais devenir (former ma "nouvelle normalité"), tout cela m'a soudainement été enlevé. J'avais l'impression d'être figée dans le temps alors que le reste du monde tournait à toute allure autour de moi. L'idée de mon avenir s'est soudainement effondrée et lorsque j'ai retrouvé mon équilibre, j'ai réalisé que je devais créer une autre "nouvelle normalité", qui inclurait la maternité d'un ange.

Les priorités dans ma vie ont changé, et j'ai dû réfléchir à ce que je voulais obtenir de la vie. C'est à ce moment-là que j'ai décidé que ma "nouvelle normalité" devait inclure l'humilité, la force et la capacité de partager mon expérience avec les autres en leur offrant des conseils et un soutien chaque fois que possible. Je continue à faire ce que je peux en ta mémoire, mais aussi à partager mon histoire dans l'espoir de contribuer à briser le silence qui entoure la perte d'un bébé et d'essayer d'inspirer les autres, de leur montrer qu'il est possible d'avoir une vie qui a du sens même si l'on traverse l'épreuve de la perte d'un bébé.

"Chacun doit laisser quelque chose derrière lui lorsqu'il meurt. Votre héritage est chaque vie que vous touchez."
- Maya Angelou

Vous ne pouvez pas créer un héritage à laisser derrière vous si vous n'êtes plus là pour vivre votre vie. Te perdre m'a appris que je pouvais créer un héritage en ta mémoire. J'ai compris que si je voulais que tu ales un héritage, c'était à moi d'en créer un pour toi et c'est ce que j'ai commencé à faire quelques mois après ton départ. Je me mets continuellement au défi de trouver de nouvelles idées et de nouvelles façons d'ajouter à ton héritage et de le perpétuer.

Cela a commencé par trois collectes de fonds. En plus de cela, j'ai rejoint Still Aware en tant qu'ambassadrice bénévole ainsi que la Fondation internationale Vasa

Previa, une interview podcast en relation avec certains des dons que j'ai faits, et le raisonnement derrière eux, ainsi que parler de ma perte pour essayer de briser le silence au sein de la société, JJ's Angel Flutters, et bien sûr l'opportunité d'écrire cette lettre ainsi que d'autres choses sur lesquelles je travaille actuellement.

Les gens me demandent pourquoi j'ai choisi de faire ces choses et la réponse est simple : pour continuer à créer un héritage à la mémoire de mon fils.

Outre la création d'un héritage pour toi, ce sont toutes des choses positives que je peux faire dans une période aussi traumatisante et profondément douloureuse. Ta mort ne change rien au fait que je suis ta mère et que je le serai toujours. Par conséquent, tout comme les parents d'enfants vivants font tout ce qu'ils peuvent pour eux, je continuerai à faire tout ce que je peux pour toi. C'est ce que tu mérites.

"J'ai oublié de lire les petits caractères quand j'ai signé pour être ta mère. Je pensais que ce serait des câlins, des sourires et beaucoup de plaisir. Je n'ai pas vu la partie qui parlait de douleur, de perte, de chagrin et de désespoir. Je ne savais pas que tu serais parti, et que la vie serait injuste. Mais je suis toujours ta mère, et je le serai tous les jours. Si j'avais dû lire les petits caractères, j'aurais quand même signé." - Karen Prisca

Être ta mère reste le plus beau cadeau que j'aurais pu recevoir et rien, pas même la mort, ne pourra jamais m'enlever cette maternité. Te perdre m'a appris tellement de choses - sur la vie et sur moi-même, cela m'a mis (et continue de me mettre) au défi chaque jour, de manière positive et négative. J'apprends à survivre à ton départ chaque jour qui passe, car chaque jour tu es toujours partie. Certaines choses ne s'améliorent pas, mais d'une manière ou d'une autre, je continue à devenir plus forte, je continue à apprendre à vivre avec ma situation, je répare ce que je peux et je m'adapte à ce que je ne peux pas et je m'assure de ne rien tenir pour acquis.

Je n'irai jamais complètement bien, mais je suis là, j'essaie toujours, je fais de mon mieux (aussi laid et désordonné que cela puisse être), et je continue à me mettre au défi d'être la meilleure version de moi-même que je puisse être, en ta mémoire, dans l'espoir que tu me regardes d'en haut et que tu sois fière de m'appeler ta maman - et cela vaut la peine d'être célébré (je pense en tout cas).

Je suis et je serai toujours fière de t'appeler mon fils. J'aimerais seulement que tu sois dans mes bras plutôt que dans mon cœur, mais je te remercie de m'avoir choisie pour être ta mère et de m'avoir permis d'apprendre ces choses sur la vie et sur moi-même. Je continuerai à être ton héritage, je continuerai à être ta voix, et chaque matin, je me réveille pour affronter un nouveau jour, je choisis de t'honorer en vivant ma vie.

Puissions-nous nous rencontrer à nouveau.

Avec tout mon amour, de la part de ta maman.
Xxx

Lettres d'Amour 79

Once a Mother
Always a
Mother...
losing a child
doesn't change
that,
it just makes
everyday a
challenge
PRIDHAM
Cherished Memories Of
JASPER JAMES
28-8-2017
DEARLY LOVED SON OF
NN JAMES & SARAH ANNE

Sarah Pridham

Je n'aurais jamais pensé avoir vingt-sept ans et vivre l'un des voyages les plus difficiles que la vie puisse nous réserver.

Après être née et avoir grandi à Adélaïde, en Australie-Méridionale, en tant qu'enfant unique, j'ai déménagé dans une petite ville de la péninsule de Yorke pour commencer ma vie avec mon partenaire. Nous sommes ensemble et mariés depuis près de six ans et nous avons un enfant, notre petit ange, Jasper.

Outre mon travail à plein temps dans l'administration et la vente, j'utilise mon temps libre pour faire tout ce que je peux pour perpétuer la mémoire et l'héritage de Jasper. J'essaie également d'apporter autant de soutien et de conseils que possible à d'autres parents endeuillés pendant leur parcours de perte.

TO MY:
FAMILY
INNER CIRCLE
FRIENDS
LIFE
MENTORS
CHURCH
FAMILIES
ASD
COMMUNITY
MENTEES &
MINISTRY
PARTNERS
SOCIAL
MEDIA
FRIENDS
CLIENTS
ANYONE WHO
HAS IMPACTED
MY LIFE

82

A toi, cher à mon cœur

Mon Ancre D'amour : Une Lettre D'heritage

Tu te tiens derrière moi, m'encourageant à aller de l'avant.

Ta vision m'a encouragé à libérer mes mots et ma sagesse de vie. À être moi-même avec toi.

La vie peut être désordonnée. Vous le savez. Vous rêvez, vous espérez, vous attendez. Vous avez fait l'expérience de l'écrasement, et cela vous conduit à vous effondrer ou à mettre un sérieux coup de frein à votre journée.

Vous avez besoin d'une ancre d'amour dans des moments comme ceux-ci. Une fondation fiable à laquelle revenir lorsque la vie devient écrasante et paralysante.

L'expression ultime de l'amour, cette ancre, c'est la VÉRITÉ. Elle me porte à travers toutes les épreuves et les tribulations. Tout ce qui est inévitable dans un monde déchu et pécheur. J'ai trouvé l'ESPOIR à travers la vérité et je veux la partager avec vous...

Il y a quatre types d'amour selon le grec :

Eros - l'amour romantique
Phileo ou Philia - amour fraternel/amitié
Storge - Amour empathique
Agapè- L'amour inconditionnel de Dieu pour nous.

Eros- L'amour romantique :

J'ai trouvé l'amour dans le mariage. Mais pas de la manière que j'attendais.

Il m'a fallu des années pour me défaire de la définition sociétale de l'amour. L'histoire de conte de fées, le regard qui se croise à l'instant parfait. La poussée émotionnelle de la chimie naturelle et tout qui se met en place parce que l'amour arrange tout. Si nous avions simplement ce conjoint, ce partenaire, cette âme sœur qui fait ce que nous voulons et nous satisfait parce que nous le méritons, nous serions heureux.

C'est ce qu'on nous dit, non ?

La réalité
Ce n'est pas ainsi que les choses se sont passées dans ma vie ou dans celle des nombreuses personnes que j'ai conseillées. Ce que j'ai appris sur l'amour défie toutes les normes et croyances de la société.

> "L'amour ne concerne pas que vous.
> L'amour concerne l'autre personne.
> Que ce soit dans le mariage, l'amitié, la famille,
> Ou en tendant la main aux personnes brisées, blessées et moins fortunées".

Si vous creusez à la racine de la définition de l'amour par notre société, vous trouverez un mot de deux lettres : "MOI".

Comment puis-je me faire plaisir ? Comment puis-je me rendre heureux ? Comment puis-je réaliser les désirs de MON cœur ?

Nous essayons de dire qu'il s'agit des autres. Mais est-ce vraiment le cas ?

Le secret de l'amour dans mon mariage qui résiste à l'épreuve du temps se trouve dans ce livre dans ma lettre à mon mari.

Philia- Amitié/Amour fraternel/Famille :

L'amour est désintéressé. Certains jours, je suis épuisée, je dois faire face à mes propres crises de vie. Tu me contactes en ayant désespérément besoin d'aide, de conseils ou d'un traitement. Je fais de mon mieux pour te trouver une place dans mon emploi du temps chargé parce que tu es important. Je pense constamment à vous. "Donner de soi est fatigant, mais gratifiant. Aimez les autres comme je vous aime. Cela vous bénira, ainsi qu'eux."

Mes très chers amis/famille, je ne peux pas dire assez à quel point je vous aime et vous considère comme une bénédiction. J'apprécie les façons créatives dont nous avons répondu aux besoins des uns et des autres. Vous m'avez encouragé à exprimer mes pensées et mes émotions. Vous m'avez dit de ne jamais abandonner, de vivre en toute transparence et de dire la vérité impopulaire.

Je suis honorée et privilégiée de vous servir dans mon ministère, "Prescriptions bibliques".

Vous avez touché des cœurs. Vous faites une différence dans un bel effet domino, en utilisant, pratiquant et partageant avec d'autres les outils que je vous ai donnés. Vous influencez et touchez les miens, qui se déversent dans vos sphères. Le saviez-vous ?

Ne cessez jamais d'être qui vous êtes et de donner de vous-même. Votre effet est concentrique et s'étend au-delà de ce que vous connaissez.

Storge- L'amour empathique :

L'amour est une action. Pas une émotion. Nous nous trompons tout le temps à ce sujet. L'amour est un choix que nous faisons. Il rejette l'orgueil, l'arrogance, la grossièreté, l'irritabilité, l'impatience, etc.

On ne sait jamais ce que vit une personne, sa vision de la vie et son passé. Ne répondez pas aux personnes méchantes et dures par l'hostilité. Les carapaces dures peuvent être adoucies et brisées, mais cela prend du temps. ÉCOUTEZ. S'ils sont disposés à le faire, ils pourraient être votre prochaine percée.

Le type d'empathie qui permet aux gens de sortir de la dépression, des problèmes de santé mentale et des cycles de désespoir se trouve dans ce scénario :

Vous êtes assis dans une flaque d'eau boueuse, trempé et froid. C'est LA PIRE journée. Vous pleurez tellement de frustration, de désespoir, de colère et de toutes les émotions qui existent que vos larmes se mélangent à l'eau et s'écoulent.

Je te vois. Je ne m'assois pas avec toi comme tu en as l'habitude. Je me tiens sur le bord avec une serviette fraîchement chauffée, je tends ma main vers la tienne et je soulève. Je t'enveloppe et nous marchons ensemble pour guérir avec la vérité et les outils pour gérer la vie. La misère devient un lointain souvenir et un témoignage.

C'est le type d'empathie qui mène à la victoire dans la vie d'une personne. Si vous pouvez trouver cela dans votre cœur, vous changerez des vies, une action mesurée et empathique à la fois.

Les exemples d'amour ci-dessus sont porteurs d'espoir, positifs et édifiants. Je me suis consacré à les vivre comme un style de vie, mais il est impossible de les accomplir par soi-même. Vous avez besoin de "agape".

Agapè - l'amour inconditionnel de Dieu pour nous.

L'amour agapè est défini dans la société séculaire comme l'amour de l'humanité ou la charité envers l'humanité. Mais ce terme vient du grec, ce qui signifie un niveau supérieur d'amour inconditionnel de Dieu envers les autres.

Nous avons besoin que cet amour soit déversé en nous pour le déverser dans les autres. Ce n'est pas de notre propre pouvoir, mais celui d'un pouvoir supérieur. Dieu EST amour. (1 Jean 4:7-12)

Le don et la démonstration ultimes de l'amour sont le sacrifice d'un Jésus-Christ parfait et sans péché, mourant pour NOS péchés et ressuscitant d'entre les morts afin que nous puissions avoir la vie éternelle avec Lui pour toujours. Quel amour est plus grand que de choisir une mort imméritée pour un nous immérité ?

J'ai reçu ce don du salut de Jésus-Christ dans mon cœur pour le pardon de mes péchés il y a longtemps. Grâce à une relation profonde et intime avec Lui, j'ai pu aimer tous ceux qui m'entourent avec cet amour inconditionnel que Dieu a pour moi. C'est la seule façon de pouvoir vraiment aimer comme nous le désirons.

"Nous aimons parce qu'il nous a aimés le premier". - 1 Jean 4:19

C'est ainsi que JE VOUS AIME.

Tout mon amour,

Rebekah J. Samuel

Mon Jason chéri,

Toi Et Moi : Une Lettre D'amour D'une Neurodiverse à Son Neurotypique

À cause de mon autisme, l'expression des émotions peut être difficile, mais je veux te donner quelque chose à chérir pour toujours. Je prie pour que ce cadeau de Saint-Valentin touche ton cœur et te parle de ce que je ressens en l'écrivant. J'espère que cette lettre vivra au-delà de notre existence, qu'elle sera une source de guérison dans les mariages et une préparation pour ceux qui le désirent.

Vous et moi construisons le château de notre mariage. Chaque année, un nouveau jeu de briques est forgé par le mélange et le moulage. Nous les posons dans les fondations avec chaque acte intentionnel de confiance dans la foi.

En prononçant ces vœux, toi et moi étions loin de nous douter de tout ce que nous allions traverser en six petites années. La perte d'une voiture, deux diagnostics :

Un PTSD et l'autre autisme. De multiples crises d'angoisse. Des tas d'excuses, des tas de pardons. Deux déménagements militaires d'un bout à l'autre du pays. Quatre déménagements en cinq ans. La perte de deux êtres chers. Travailler dans un espace partagé, dans nos dons respectifs pendant une pandémie.

Dès notre première rencontre, j'ai su que tu étais différente. Tu es mon défi et ma joie. J'en avais besoin. Mais je ne savais pas comment.

Tu te souviens de *Oceans* ?

"L'esprit me conduit là où ma confiance est sans frontières."

Se marier avec toi était le plus grand saut de la confiance et de la foi. Cette chanson était la prière de mon cœur alors que je descendais l'allée vers l'inconnu. Le meilleur choix de ma vie.

Dans ce château, nous nous occupons les uns des autres et de ceux qui sont dehors. Nous prenons soin de ceux qui sont dans le besoin, nous revenons les uns vers les autres pour nous rafraîchir et nous recharger. Vous et moi sommes dévoués à nos appels. Le respect de l'autre se trouve dans ce château. Ils ne peuvent exister séparément.

Tu sais que je ne suis pas un romantique affectueux et bavard. Toi et moi avons été dotés de cerveaux intellos et intellectuels. Ajoutez à cela la différence de traitement cérébral que j'apprends cette année, et certains pourraient penser que nous sommes un couple marié ennuyeux, sans piment ni vie. Pourtant, notre amour est unique et inspirant. Il signifie plus que des mots et des phrases d'amour recyclés.

Notre mariage se distingue. Pas seulement pour toi et moi, chérie, mais aussi pour ceux qui nous regardent. Beaucoup d'yeux sont sur nous. Ce que j'espère qu'ils voient le plus, mon amour, c'est que Dieu nous a aimés, toi et moi, plus que nous ne le méritons. Il nous a gardés, guidés, éclairés dans les zones d'ombre, et a illuminé nos chemins.

J'aime que nous ayons une passion pour le ministère, à travers différentes voies, divines et parfaitement conçues.

J'ai une profonde empathie, et tu m'aides à la gérer de manière saine avec les autres. Je suis désolé quand je n'écoute pas toujours. Quand je veux faire ce que je veux. Les excuses et le pardon sont une partie belle et nécessaire de notre mariage.

Tu n'étais pas le rêve initial, mais tu es le rêve que je voulais vraiment. Je n'avais aucune idée de ce qui était possible ou capable. Heck, je ne me connaissais même pas moi-même jusqu'à cette année. Tu m'as fait découvrir un tout nouveau monde. Cela a brisé mes attentes de ce que la vie peut être, même avec les défis de santé mentale de la vie.

Toi et moi sommes opposés dans la plupart de nos intérêts, mais ce que la société nous dit à ce sujet n'est que mensonge. La loyauté et l'abnégation nous ont toujours aidés à nous partager. Tu me fais rire et j'apprécie sincèrement le temps que nous passons ensemble. Tous ces mêmes. :D

Tu m'acceptes. Tu me dis d'être moi-même et de ne pas être quelqu'un que je ne suis pas. D'éviter de me masquer. L'amour désintéressé et gentil.

Tu connais les moments où je deviens muette, où les mots sont inexistants, et ce n'est pas parce que je suis manipulatrice ou que je te donne le traitement du silence. Tu es patient, mon amour.

Je suis parfois bouleversée quand je pense à toi. Combien tu as été une bénédiction dans ma vie et combien je vous apprécie tous. Ta constance est tenace. Ton cœur généreux est contagieux. Il y a tellement de choses sur toi, Jason, qui ne peuvent pas tenir dans une seule lettre.

Je suis si reconnaissante que nous ayons jusqu'à ce que la mort nous sépare pour tout exprimer.

Dans ce château, il y a des dégâts, et des réparations nécessaires. Vous et moi n'abandonnons pas le travail inachevé. Nous entrons courageusement dans les couloirs les plus sombres, les plus effrayants, les moins fréquentés. Vous et moi.

Toi et moi, nous n'avons pas une histoire d'amour à l'emporte-pièce. Nous avons affronté des épreuves avant même de sceller notre amour devant Dieu. Cela ne nous a pas arrêtés. Toi et moi avons fait face à ces épreuves et continuons à le faire, en les dépassant. Psh ! Toi et moi sommes trop compétitifs pour abandonner. ;)

Tu es mon pilier. Dieu l'a établi et confirmé. Tu me tiens, tu me soutiens et tu me gardes les pieds sur terre. Quand j'ai appris mon autisme, j'ai eu l'impression que mon monde s'écroulait. Je pensais que tu me quitterais comme tant d'autres le font. Ça peut être un fardeau. Une épouse atteinte de SSPT et d'autisme.

Je suis reconnaissante que ce soit TOI qu'Il ait choisi.

Tu prévois mes crises et tu me fais des câlins. Tu encourages mes stims. Tu es inébranlable. Immuable. Ça me fait pleurer d'y penser. Comment quelqu'un peut être autant aimé. Mais c'est TOI. Tu m'aimes, tout entier. Plus encore, ta dévotion à Dieu et à sa Parole est dévouée. Cela me fait t'aimer encore plus.

Notre mariage est un témoignage de Dieu placé au centre. Il reflète une union engagée, un amour qui va au-delà de l'amour romantique, centré sur les émotions, que nous reconnaissons. Un amour enraciné et ancré pour durer. Ce n'est pas un amour pour nous-mêmes. C'est un amour qui est imprégné de l'amour inconditionnel de Dieu, le plus grand amour de tous.

Ce château a un héritage. Il a un but, celui d'afficher la gloire de Dieu. Bien qu'on ait parfois l'impression que c'est VOUS ET MOI à cause de nos grandes différences d'esprit, d'émotions et d'être...

En vérité, il a toujours été question de NOUS.

NOUS avons trouvé notre romance ; NOUS avons trouvé notre amour ; NOUS avons trouvé notre joie et notre bonheur. Nous ne nous attendons pas à ce qu'ils existent simplement. Nous l'avons construit.

NOUS gagnerons toujours.

JE T'AIME, JASON.

Pour toujours et à jamais,

Rebekah

Lettres d'Amour 93

Rebekah Samuel

Rebekah, alias The Lady Gadget, est une autiste identifiée tardivement, propriétaire d'une petite entreprise, coordinatrice de ministère/communauté et épouse de militaire.

Son talent naturel pour la résolution de problèmes, le réseautage, le soutien technique, la mise en place de systèmes et ses compétences vocales et instrumentales l'aident à servir activement ses églises et ses communautés, alors qu'elle et son mari voyagent d'un océan à l'autre dans le cadre de leur vie militaire en perpétuel mouvement.

Rebekah travaille avec passion avec ses collègues neuro-divers et neuro-typiques du monde entier pour guérir les abus non résolus de l'église, de la foi et de la spiritualité, les traumatismes, les relations brisées et les problèmes de santé mentale. Elle aime avoir un impact sur les vies à travers ses mots et sa voix sur les médias sociaux, YouTube, les podcasts et la radio.

Dans son entreprise de technologie, The Lady Gadget, elle fournit des services abordables de création de sites Web/blogs personnalisés et offre une assistance technique pour le dépannage.

Rebekah est une épouse dévouée, une coordinatrice de communauté, une aide, un mentor, un professeur, un auteur et une amie.

Pour entrer en contact avec Rebekah, vous pouvez la trouver ici :

https://www.rebekahjsamuel.com

Double The Love, Une Lettre À Mes Jumeaux

À mon mari, Arthur Darivas, qui a partagé le voyage avec moi.

Un Et Deux

Mon mari et moi sommes à l'hôpital. Je dois passer un contrôle car quelque chose ne va pas. Nous passons des heures dans la salle d'attente, elle est pleine. Je sais que je suis enceinte, et pendant un moment, je ne peux m'empêcher de penser que je fais une fausse couche.

L'infirmière appelle mon nom. Nous entrons dans le petit box où l'on fait des tests et où l'on vérifie mon état de santé, et le médecin arrive et dit : " Bon, vous allez passer une échographie. "

Nous attendons encore plus jusqu'à ce que l'infirmière arrive et nous emmène dans la salle d'échographie. L'écran est allumé, mon ventre est préparé, et le médecin commence la procédure. Il montre du doigt un petit point à l'intérieur de moi. "Voici le bébé", dit-il.

Je souris, et il continue à scruter mon ventre en regardant l'écran. Un autre point apparaît. "Il y en a deux ici !" dit-il. "Vous attendez deux bébés. Cela explique votre malaise", fait-il remarquer, "alors rentrez chez vous et reposez-vous".

Je suis tellement heureuse d'être encore enceinte que je n'arrive pas à comprendre la grande nouvelle. Mon mari est un peu sous le choc et, d'une certaine manière, moi aussi, car tout ce que je peux penser, c'est "Bien, le bébé est toujours là".

Il m'a fallu quelques jours pour comprendre que j'allais avoir deux bébés en même temps. Je me souviens avoir appelé mes parents ; ils étaient très heureux. Mon père était un peu inquiet pour moi, pour la responsabilité que représente le fait d'être parent de multiples enfants.

À l'époque, nous vivions à Denver, dans le Colorado. Cependant, l'univers avait d'autres plans pour votre arrivée dans ce monde, mes chers enfants.

Pendant ma grossesse, mon mari était occupé à travailler et on lui a proposé de revenir en Australie. C'est à Sydney que se sont déroulées les deux premières années et demie de votre vie. Après cela, nous sommes allés vivre au Chili, mon pays natal, puis nous sommes revenus en Australie. Nous sommes une sorte de famille gitane.

Cependant, je ne veux pas entrer dans un récit de notre vie commune. Mon intention, avec cette lettre d'amour, est de m'adresser d'abord à chacun d'entre vous individuellement, puis d'aborder quelques points que je veux que vous gardiez dans votre esprit et dans votre cœur pour les années à venir.

Je vais commencer par l'aîné d'entre vous de trois minutes...

***

MARCUS

Je me souviens de toi à l'âge de dix mois environ, à l'hôpital, avec les infirmières qui te préparaient pour une opération. Je me tenais à tes côtés et je te chantais "arrurrú my baby, arrurrú my son, arrurú piece of my heart" (une traduction plus proche de l'espagnol) pendant que les infirmières plaçaient toutes les aiguilles dans tes petits bras. Tu me regardais avec admiration et je savais que tu m'écoutais ; tu ne pleurais pas et je voyais de l'amour dans tes yeux parce que je te regardais de la même façon.

C'est l'un des moments où je me souviens avoir senti le pouvoir invisible de l'Amour faire sa magie.

Tu as toujours été une âme aimante. Tu embrasses les gens d'une manière qui les fait se sentir accueillis et reconnus, et tu montres ton amour dans les petits détails. Par exemple, je me souviens d'une fois où nous étions en vacances dans le magnifique nord du Chili, où nous nous promenions dans un marché artisanal et où tu as choisi un petit lama en peluche pour mon père, ton grand-père, afin qu'il se souvienne de nous en le regardant. Nous vivions en Australie à l'époque.

Combien de fois avons-nous marché dans la rue et j'ai entendu ta voix dire : "Maman, as-tu une pièce ?" parce que tu ne peux pas supporter de voir un sans-abri demander de l'argent sans ressentir sa détresse dans ton cœur. Vous êtes compatissante et attentionnée.

L'attribut le plus frappant de votre personnalité est sans doute votre loyauté et votre amour pour vos amis. Te souviens-tu de ta joie lorsque tu jouais avec eux, de la fierté que tu éprouvais à leur montrer tes jouets et à partager avec eux ? Ton premier ami était Shusaku, un gentil garçon du Japon. Votre amitié était si forte qu'elle est encore dans ton cœur et je sais que nous te devons un voyage au Japon. Ce voyage aura lieu un jour.

L'amitié est un mot très fréquent pour toi. Tu chéris les moments passés avec tes amis au Chili, à Melbourne et à Sydney, et je sais que d'autres amis vont te suivre ici, au Royaume-Uni, notre pays maintenant. Ceux qui apprécieront ton sens de l'humour aiguisé, ton amour du football, de la musique et des films verront que tu es un très bon gars avec un grand cœur.

Marcus, te amo !

***

OLIVIA

Je me souviens de toi, à dix-huit mois, essayant de m'arrêter lorsque je déplaçais le berceau de Marcus dans une autre pièce parce que vous vous réveilliez l'un et l'autre la nuit. Il était temps que vous fassiez chambre à part.

Tu étais devant moi, tu levais tes petits bras et tu disais : "Non, non, maman, maman", en parlant de ton frère. Je savais que c'était dur pour vous, mais c'était encore plus dur de vous voir tous les deux essayer de dormir et être de mauvaise humeur le lendemain. Je me demandais toujours ce que vous pensiez.

Dès le début, tu as montré un esprit de guerrier. La détermination a été la qualité imprimée dans ton cœur, la qualité qui a été déterminante dans ton parcours pour devenir la jeune femme intelligente et attentionnée que tu es en train de devenir. Nous partageons un intérêt commun pour les questions de l'âme, nous aimons tous les deux l'art, la philosophie et la mode, même si je sais que vous aimeriez que je m'habille de façon plus tendance.

Je repense à Stockholm, en Suède, où nous avons vécu ensemble pendant six mois. Tu étais en train de guérir d'une maladie difficile qui nous a obligés à quitter l'Australie pendant un certain temps. C'est là que nous avons cimenté une relation mère-fille forte, car nous avons vaincu la maladie ensemble, en faisant confiance à nos guides divins, en pratiquant les enseignements de la méthode Cyclope, en tricotant, en peignant, en bricolant, et plus tard en visitant cette ville étonnante. Nous avons promis d'y retourner, de dire merci et de visiter une fois de plus la magnifique vieille ville, cette fois avec les yeux de la santé et de l'amour.

Ton amour pour l'apprentissage de différentes langues a fait de toi une jeune femme ouverte sur le monde et je sais que la France t'attend à bras ouverts, maintenant plus mûre, plus cultivée, plus toi-même. Tes capacités artistiques sont remarquables et j'ai toujours plaisir à te voir réaliser un chef-d'œuvre. Je suis sûr qu'un jour tes dessins et tes peintures seront exposés dans d'importantes galeries d'art et que tu laisseras ton empreinte dans le monde.

Olivia, te amo !

***

TWINS

Vous êtes tous deux très différents, non seulement parce que vous êtes un garçon et une fille, mais aussi parce que vous avez votre propre façon d'être et de voir le monde. Cependant, il y a toujours un cordon invisible entre vous, un cordon qui vous unit au-delà du temps et de l'espace. J'ai des photos de vous dormant dans vos fauteuils à bascule exactement dans la même position, un bras en l'air, l'autre en bas, la tête légèrement tournée du même côté.

Je me souviens particulièrement d'un jour où Olivia était en France dans le cadre d'un programme d'échange et où Marcus était à Sydney. Olivia m'a appelé en pleurant à cause d'un petit problème et, avec une heure de décalage, Marcus est arrivé de l'école en pleurant lui aussi. En quelques minutes, tout était résolu, mais j'étais un peu décontenancé par l'énergie invisible qui vous reliait à l'autre bout du monde.

Je vous rappelle toujours qu'un jour, votre père et moi ne serons plus là pour vous prendre dans nos bras et que même si vous aurez votre propre famille d'ici là, vous êtes ensemble. Vous êtes liés par le pouvoir invisible de l'amour.

***

L'ANNÉE DE LA RÉSILIENCE

Nous savons tous que l'année 2020 a été particulièrement difficile pour l'humanité, pour la planète Terre. Le monde continue de changer et il va falloir un certain temps pour voir à quel point nous nous sommes transformés en tant qu'êtres humains, à la fois collectivement et individuellement. Partout sur la planète, les gens ont trouvé des chemins pour se réparer, pour s'améliorer, pour innover, pour se réinventer et je crois fermement que pour chaque mauvaise situation vécue, quelque chose de bon sort de l'autre côté.

En tant que famille, nous avons vécu à la fois de merveilleux moments de joie et des moments de grande souffrance. Nous en avons tiré plusieurs enseignements sur notre propre capacité à nous relever, à nous élever de tout scénario difficile que nous pourrions vivre. La résilience est une qualité que la plupart d'entre nous possèdent et qui est directement alimentée par l'amour, car nous trouvons de la force dans nos cœurs, nos esprits et nos corps et le peu d'amour que nous pouvons ressentir va à notre bien-être.

Si j'écris sur la résilience, c'est surtout parce que je tiens à dire que je suis extrêmement fière de vous, Marcus et Olivia, pour la façon dont vous mettez ce mot en action. Je suis sûre que tous les événements vécus en 2020 ont ancré en vous les qualités de pardon, de gentillesse et de gratitude. Maintenant que le bonheur est au coin de la rue, assurez-vous de le voir dans ce qui compte vraiment.

***

AMOUR

Mes chers enfants, je veux vous parler un peu de l'amour, du concept d'amour que j'aimerais vous transmettre.

Pour moi, l'amour n'est pas seulement l'amour "humain", n'est pas l'amour de l'attachement, n'est pas l'amour de la jalousie ou des possessions. L'amour est une force invisible qui unit absolument tout dans l'univers. J'ai entendu parler de cette notion d'amour pour la première fois par Fresia Castro, mon mentor spirituel, créateur de la méthode Cyclope, et cela m'a paru tout à fait logique, mais en plus, j'ai fait l'expérience du véritable amour en moi.

L'amour est fluide, c'est une énergie qui vient de la Source, de Dieu, de l'Esprit, et qui nous traverse tous. Si nous sommes capables d'être ici dans ce monde, c'est grâce à l'amour et ce fil conducteur partagé par tous nous rend égaux en tous points. L'amour vient de la Source, il entre en nous, nous remplit, et ensuite nous le développons. Ce n'est que lorsque nous nous sentons aimés par cette origine supérieure que nous nous aimons nous-mêmes, et cela nous pousse à aimer les autres.

Vous voyez, l'amour agit dans un courant à trois voies qui nous permet de nous aimer nous-mêmes, nos partenaires, les membres de notre famille, nos amis, nos animaux domestiques et tout le reste, car il vient de la Source et est la Source en même temps. L'amour est circulaire, il est vie, il est création.

Cela fait des années que j'enseigne ce concept d'amour à d'autres personnes, et c'est la seule chose intangible que je puisse laisser en héritage à vous deux. Allez dans le monde, toujours connectés à la Source, comme je vous l'ai montré. Inspirez l'amour, expansez l'amour, soyez des êtres radieux, changez le monde.

***

LE TEMPS DE MAMAN
À Marcus et Olivia
Un poème de mon cœur
Je vous ai portés
Je t'ai lavé
Je t'ai habillé
Je t'ai nourri
Je t'ai conduit
Je t'ai aimée

Je t'ai guidé
Je t'ai soutenu
Je t'ai compris
Je t'ai admiré
Je t'ai compris
Je t'aime

Je te sens
Je t'encourage
Je t'encourage
Je te protège
Je t'aide
Je t'aime

Je t'embrasse
Je te serre dans mes bras
Je t'écoute
Je te conseille
Je te souris
JE T'AIME

Je suis toujours là pour toi
JE T'AIME !
"Où que tu sois, et quoi que tu fasses, sois dans
l'amour."

-Rumi

Veronica Sanchez

Veronica est originaire de Santiago du Chili et est également citoyenne australienne. Elle écrit depuis de nombreuses années pour des magazines en ligne et des blogs en espagnol et en anglais. Veronica est un auteur de best-sellers numéro 1 avec son livre *Positive Habits, 21 Words That Transform Your Life Daily*.

Veronica est professeur de grammaire et de littérature en espagnol. Au cours des dix dernières années, elle s'est consacrée à la spiritualité et est professeur d'éveil spirituel. Elle est instructrice certifiée de la méthode Cyclopea d'activation interne de la glande pinéale (troisième œil), une méthode créée il y a trente ans en Amérique du Sud par le leader spirituel latin Fresia Castro. Veronica est, à ce jour, le seul instructeur au monde à enseigner en anglais cette méthode qui change la vie.

Outre l'enseignement et l'écriture, Veronica aime lire, voyager et passer du temps avec sa famille et ses amis.

Veronica et sa famille ont déménagé au Royaume-Uni au début de 2020 et ils attendent que le monde s'ouvre pour commencer à explorer la belle Europe.

Vous pouvez trouver Veronica ici :

Facebook : https://www.facebook.com/veroteacher

Instagram : http://www.instragram.com/veronicasmentor

LinkedIn :http://www.linkedin.com/in/veronicasanchezmentor

Site Web : http://www.highfrequencybeing.com

Cher Merveilleux Soi,

Tu as été très présent dans mon esprit ces derniers temps. Il y a tellement de choses que je veux te dire et que j'espère que tu entends vraiment et que tu crois de tout ton être. Pourtant, pour des raisons que je suis en train de comprendre de manière plus complète, il y a beaucoup de sentiments que je ne t'ai pas exprimé.

Nous sommes ensemble depuis très longtemps ; toute notre vie, en fait. Et je sais pertinemment que, malheureusement, je ne t'ai pas toujours montré et donné l'amour que tu mérites absolument. Si je t'écris cette lettre, c'est en partie pour m'engager à être plus aimant avec toi, chaque jour, pour le reste de ma vie. Je souhaite également te montrer à quel point tu n'es pas seulement aimé par moi !

Récemment, j'ai lu un passage sur les relations. Il parlait de la variété des relations que nous entretenons au cours d'une vie, qu'il s'agisse des relations avec nos parents, nos frères et sœurs, nos amis, nos collègues ou nos amants. Il concluait en disant que la relation la plus longue que nous aurons jamais est la relation avec nous-mêmes. À l'époque, je me souviens avoir pensé à quel point cette affirmation était vraie et puissante. Nous ne pouvons pas nous fuir nous-mêmes. Alors, plutôt que de nous détester, pourquoi ne pas envisager de nous aimer?

Comme pour toute chose dans la vie, il s'agit d'un voyage et d'une pratique continuelle. Ce n'est pas comme si vous vous réveilliez et que vous vous aimiez automatiquement. Il faut s'engager et agir quotidiennement pour s'aimer. Cette lettre est une étape pour te montrer à quel point je t'aime.

Chaque jour, jusqu'à la fin de ma vie, je m'engage à faire de petites actions pour te montrer combien je t'aime. Et même si je ne porte pas de lunettes roses, je sais qu'il y aura des jours où j'aurai du mal à être aimant envers toi. Cependant, je ferai de mon mieux pour trouver même la plus petite chose à aimer chez toi ces jours-là.

Pendant de nombreuses années, il semble que tu avais un lourd rideau sur les yeux, enveloppant ta vie d'une certaine obscurité. Au cours de ces dernières années, il semble que le rideau se lève lentement. Je vous vois incarner une attitude plus douce et plus aimante envers vous-même. Mon souhait pour toi est de ressentir l'amour que les autres ressentent pour toi et de te donner cet amour.

Je vois que, dans le passé, je t'ai traité de façon terrible. J'étais extrêmement doué pour te critiquer et te rabaisser. Le venin qui a parfois jailli de ma bouche à ton égard était incontestablement et complètement inutile et injustifié. Quel était l'avantage pour moi de dire toutes ces choses? Il n'y avait aucun avantage à te blesser avec les mots que je pensais et disais.

Oui, il y a eu des gens autour de vous qui ont encouragé et cultivé une atmosphère de haine de soi et de dégoût. Je suis ravi de voir que tu as appris que ceux qui manifestent une telle haine envers les autres le font aussi pour eux-mêmes. Ce n'est pas un fardeau que vous devez porter. Ce n'est pas votre responsabilité. Et le plus heureux, c'est que je remarque que ces personnes ne font plus partie de ta vie. Rien que par cette action, vous démontrez un amour beaucoup plus sain pour vous-même.

J'ai l'impression que les excuses sont vraiment l'éléphant dans la pièce. Je suis désolé de ne pas t'avoir montré toute la profondeur de mon affection, de mon amour et de mon respect. Tu mérites infiniment plus d'amour que ce que j'ai démontré et donné auparavant.

Et laissez-moi vous dire que vous êtes le plus précieux de tous les êtres que j'ai eu la chance de rencontrer. Comme l'a dit Shakespeare, laissez-moi compter les façons dont je vous aime...

Vous avez eu de nombreux obstacles à surmonter, tant de pertes et de chagrins à affronter. J'aime la façon dont tu as transformé la perte déchirante de nombreuses grossesses en une vision de ces bébés chéris dansant autour de toi, toujours avec toi, avec leurs ailes d'ange. J'aime le fait que vous ayez réussi à surmonter un chagrin aussi dévastateur.

Vous faites face et surmontez des défis quotidiens qui font que même les experts qui vous entourent secouent la tête, incrédules, en se demandant "Comment fait-elle?". Pourtant, chaque jour, vous vous levez, mettez un sourire sur votre visage, et trouvez le courage d'affronter la journée à venir.

L'une des choses que j'admire le plus chez toi, c'est ta capacité à continuer même quand les choses sont difficiles ; même quand tu sens que tu n'as pas la force de continuer, tu y arrives. Chaque jour, tu continues à aller de l'avant. Cela, ma chérie, c'est une résilience phénoménale.

Ton courage et ta bravoure sont une autre qualité que j'admire vraiment et profondément chez toi. Ces dernières années t'ont obligé à puiser continuellement dans un puits de courage dont personne n'aurait pu prévoir que tu aurais besoin ou que tu avais. Vous avez pris des décisions qui étaient absolument les meilleures et les plus justes pour vous et vos enfants, mais qui, en vérité, vous terrifiaient.

Vous avez affronté la mort de plein fouet. La façon dont vous continuez à vous tenir face à une telle adversité est inspirante. La grâce que vous dégagez est à couper le souffle.

L'amour est un sujet que vous passez beaucoup de temps à explorer et à contempler. On pourrait dire que vous aimez l'amour ! Je sais pertinemment que l'une de vos répliques préférées est tirée de Moulin Rouge : "La plus grande chose que tu apprendras jamais est d'aimer et d'être aimé en retour." Et au fond, je pense que c'est le sens que vous voulez donner à votre vie.

L'amour est ce qui fait que nos vies valent la peine d'être vécues, il peut nous apporter les plus grandes frustrations et les plus grandes joies. Vous aimez est un privilège et un honneur.

Je sais que tu n'as pas eu beaucoup de chance dans les affaires de cœur. Tu as aimé profondément, mais tu te demandes si cet amour était réciproque. Je sais que je ne peux pas parler de manière concluante ou décisive pour les autres, cependant, je peux dire que vous êtes bien aimé par ceux qui vous connaissent. Souvent, ils ont des façons d'exprimer leur amour, ce qui vous amène à vous demander si vous êtes vraiment aimé et aimable. Sachez que vous êtes profondément aimé.

Au fil des ans, quelques personnes vous ont dit des choses merveilleuses à votre sujet. Je l'ai vu et entendu. Pour des raisons que je ne comprends pas, vous n'avez pas pris leurs mots avec l'intention qu'ils étaient dits ou donnés. L'un de mes souhaits pour toi est que tu entendes et ressentes tout l'amour que les autres t'ont donné et te donneront dans les années à venir.

En 9ème année, votre professeur préféré, M. Harris, a lâché une bombe en cours d'anglais un jour. La classe parlait des relations, et je pense que c'était en rapport avec Roméo et Juliette. M. Harris a dit que si vous ne pouvez pas ou ne voulez pas vous aimer, personne ne vous aimera non plus. C'était probablement l'une des leçons les plus précieuses de ces années de lycée.

Ce que vous avez eu du mal à faire et à appliquer à vous-même, c'est comment vous aimer réellement. Vous pouvez voir la beauté chez les autres si facilement, mais vous donner cette tendresse, cet amour, cette gentillesse et cette compassion a été incroyablement difficile pour vous.

C'est la chose que je voudrais changer le plus. Je veux que tu sentes que tu es aimé.

Je sais qu'au fil des ans, vous avez eu du mal à concilier le fait de vous aimer vous-même et de vous préoccuper de la perception des autres. Je sais que vous avez grandi dans une culture où être vu en train de s'aimer soi-même était considéré comme pompeux et arrogant. Heureusement, c'est moins le cas aujourd'hui, alors que nous parlons de plus en plus de l'amour de soi. On reconnaît de plus en plus que s'aimer soi-même est en fait très important pour notre bien-être.

Au fil des ans, j'ai beaucoup appris sur ce que vous aimez et sur ce que vous n'aimez pas tellement. J'ai appris ce qui vous apporte de la joie et de la peine. Je vous ai vu lutter et vous relever comme le phénix. Je t'ai vu forger un chemin là où il n'y en avait pas.

Tu as fait des efforts pour trouver ta voie. Je vous ai vu vous tenir debout avec prestance et élégance, puis vous révéler de manière inattendue et magnifique. Vous avez la capacité de captiver les gens et de les laisser soupirer de plaisir, tout comme un paon qui révèle ses merveilleuses plumes.

Votre beauté est fascinante, tant intérieure qu'extérieure. Vous avez un cœur d'or qui souhaite le bien de tous, quelle que soit la situation. Votre désir, votre volonté et votre capacité à pardonner aux autres malgré le grand mal qu'ils vous ont infligé sont une source d'inspiration. Vous montrez la voie en matière de cœur.

S'il vous plaît, apprenez à tourner cet amour vers l'intérieur également. Vous devez vous donner cet amour librement et facilement, de la même manière que vous le donnez aux autres. Vous êtes digne et méritant de cet amour.

Prenez un moment pour imaginer à quel point il serait délicieux et sensationnel d'être vraiment aimé.

Pensez à ce que vous ressentiriez dans votre corps. Que ressentirait votre corps s'il se sentait vraiment, profondément aimé? Je sais que vous continuez à voir tous les défauts parce que d'autres ont souligné des choses ou fait des commentaires cruels. Vous n'avez pas besoin d'accepter ces opinions. Ont-ils encore de l'importance?

Choisissez l'amour et la gentillesse envers votre corps. Chérissez la merveilleuse capacité qu'il a de vous permettre de faire toutes les choses incroyables que vous faites chaque jour.

Maintenant, pensez à ce que ce serait de vous offrir des mots d'encouragement, d'appréciation et de validation au lieu de vous critiquer et de pointer du doigt toutes les choses que vous pensez faire mal. Croyez-moi, très peu de gens autour de vous diront que vous échouez ou que vous faites mal. Vous avez la capacité de vous donner cet amour. Vous pouvez vous aimer exactement de la manière dont vous savez et avez besoin d'être aimé. Et avec cela, sachez combien je vous aime et vous chéris également.

Mon souhait le plus profond pour toi est que tu saches que tu es vraiment aimable et digne. Tu es l'une des personnes les plus extraordinaires que j'aie jamais rencontrées, et je le dis sans être vaniteux ou sarcastique.

Tu es une femme forte, résiliente, courageuse, créative, inspirante et inspirée. Tu mérites que tout l'amour que tu donnes aux autres soit régulièrement tourné vers toi-même.

Vous êtes tellement aimée.

Tout mon amour,

Kerri-Ann

Kerri-Ann Sheppard

Kerri-Ann écrit depuis presque aussi longtemps qu'elle peut parler ! Lorsqu'elle a pris son premier crayon, elle a commencé à gribouiller et elle n'a jamais cessé d'écrire. Ses amis et sa famille disent que "les mots sont son truc".

Elle a une passion pour les mots, l'écriture et la lecture. Au fil des ans, l'écriture a été un compagnon constant. Elle écrit dans les moments les plus sombres comme dans les moments les plus merveilleux. Kerri-Ann souhaite partager la façon dont l'écriture l'a aidée et peut aider les autres à se sentir mieux.

Kerri-Ann est la maman-ours de deux enfants extraordinaires qui ont des besoins spéciaux et qui occupent presque tout le temps de la journée. Lorsqu'elle a un moment de calme, Kerri-Ann adore écrire. Parmi les autres moyens de préserver sa santé mentale, Kerri-Ann compte un flot quasi constant de thé légèrement chaud, du chocolat qu'elle partage à contrecœur, des câlins à son petit chat et des séances de boxe à la salle de sport (qui aurait cru que la boxe pouvait être si thérapeutique !).

Letters of Love est la première anthologie de Kerri-Ann en 2021.

Vous pouvez trouver Kerri-Ann sur kaswrites.com.

Photo by Steven Donnet

Je dédie cette lettre d'amour à moi-même, à mon Soi Supérieur et à toutes les âmes perdues dans l'abîme. Vous n'êtes pas seuls et vous êtes aimés.

Amoureux Croisés Des étoiles

Chut... quelqu'un arrive. Je dois me taire. Je dois rester immobile.

J'entendais les feuilles craquer sous mes pieds à chaque pas que je faisais dans la Forêt de la Tristesse. Je n'aurais jamais pensé atteindre cet endroit. Il y avait un sentiment de familiarité, comme si quelque part dans un lointain souvenir j'étais déjà venu ici auparavant.

Un pied devant l'autre, pas à pas. C'est ainsi que ce voyage a commencé.

La lanterne a vacillé alors qu'une rafale de vent se levait, illuminant mon visage, puis quelque chose d'autre, juste au loin. Quelques-unes de ses feuilles ont dansé jusqu'au sol de la forêt. C'était comme si elles brillaient dans le reflet de la lanterne et des étoiles.

C'est ce que je cherchais... Toi.

La femme-arbre.

Elle était là, dans toute sa splendeur, illuminée par sa brillance intérieure, mais cachée dans le brouillard épais de la séparation et masquée par un bandeau écarlate. J'ai eu mal au coeur pour elle, elle devait se sentir si seule dans ces bois. Pourtant... en même temps, je ressentais un tel amour inconditionnel pour ce qu'elle était, est, et deviendra.

J'ai souri en marchant. Est-ce que je marchais depuis des jours, des mois ou des années ? Le temps semblait irréel à cet instant, une combinaison de tous les événements de ma vie qui ont conduit à ce moment très particulier.

Comme si ce moment m'avait appelé toute ma vie, me poussant à commencer ce voyage. Juste pour pouvoir te trouver. Pour qu'on puisse se connecter. Travailler notre chemin l'un vers l'autre, moi à l'envers et toi à l'endroit.

Je me suis pincé pour être sûr que c'était réel. La peau de mon poignet est devenue rose alors qu'un tintement parcourait mon bras. Oui, c'était bien réel.

Je savais que je devais être lent et délicat. Un peu comme si j'approchais un cerf dans la nature, encore une fois un pas après l'autre.

Je me suis approché d'elle, le bout de mes doigts a touché son tronc, elle a frissonné et s'est presque tirée en arrière. J'ai rapidement retiré ma main.

Ne t'inquiète pas, je ne suis pas là pour te faire du mal. Je vous ai cherché pendant ce qui semble être une vie entière. S'il vous plaît, montrez-vous. Le destin a voulu que je vienne ici et que je te trouve. Car toi et moi ne faisons qu'un, nous sommes les mêmes, je... toi, et toi... moi.

C'est alors que l'arbre a commencé à bouger, elle est apparue plus clairement à travers l'écorce. J'ai fait une nouvelle pause pendant un petit moment de pure admiration.

Ses feuilles de saule pleureur se sont transformées en longues mèches de cheveux, elle était mi-arbre et mi-femme.

Elle m'a demandé : " Comment êtes-vous moi et moi vous ? Cela semble impossible.

Je me suis approché du bandeau écarlate qu'elle portait. Si vous me permettez de l'enlever, je peux vous montrer. Alors que je touchais le bandeau avec mes doigts pour l'enlever, elle s'est retransformée en arbre et m'a répondu "Je ne suis pas prête".

J'ai chuchoté, tu n'as plus besoin de te cacher. Car tu es en sécurité et tu ne seras plus jamais seule, en fait tu n'as jamais été seule. Je sais que tu sens quelque chose de familier. L'énergie que nous échangeons. Ne la ressentez-vous pas? Ne pouvez-vous pas sentir vos racines interconnectées ?

Elle a commencé à réapparaître lentement devant mes yeux. Je ne me sens pas connectée, je ne sens même plus mes racines. Je crois que j'ai entendu ta voix avant, dans mes moments les plus sombres, plus sombres que ce que je ne peux pas voire maintenant. Comment est-ce possible?

Je me suis assis et j'ai appuyé mon dos contre son tronc, ses jambes se formant juste au-dessus des racines, ses cheveux de saule pleureur pendaient au-dessus de moi, j'ai joué avec eux affectueusement et doucement.

Vous m'avez déjà entendu, car le temps et l'espace sont illimités et entrelacés. Le passé, le présent et le futur sont tous des moments qui travaillent ensemble sur les plans de l'existence. Nous avons fait notre chemin l'un vers l'autre pendant toute notre vie.

Toi et moi, ma belle, nous sommes des amoureux croisés des étoiles. Ne peux-tu pas le sentir dans ton cœur ? Ne peux-tu pas le sentir dans mon toucher ? Laisse-moi juste te montrer.

Je l'ai entendue prendre une profonde inspiration et laisser échapper un long soupir émotionnel. Mais là où je suis, c'est confortable, je dois juste rester tranquille et silencieuse. Je suis en sécurité ici, aussi en sécurité que je ne le serai jamais.

Le feu de la lanterne a réchauffé ses bras semblables à des branches, mes mains en ont tracé la longueur. J'ai marché autour d'elle, en prenant sa forme puissante.

Bien sûr, vous pourriez rester ici, ignorant paisiblement la beauté et les opportunités qui vous attendent. Au bonheur intérieur que tu peux obtenir en étant courageux. Mais maintenant que je te l'ai dit... n'as-tu pas senti quelque chose se réveiller ?

Ses mains sont descendues, ont tracé mon visage. Sentant la forme et la chaleur. Tu es sûr que tu ne me trompes pas ?

Non. Je suis la seule personne qui ne te tromperait jamais. Comme je l'ai dit, j'ai toujours été là. Peut-être pas physiquement, mais toujours là, au fond de votre esprit. Tu es devenu assez fort pour m'amener dans ta réalité. Je ne suis ici que parce que tu m'as fait signe, parce qu'une partie de toi est prête. Je suis ton diseur de vérité.

Son souffle frémit, Ok. J'ai peur, mais maintenant je suis curieuse et j'aimerais voir la réalité qui s'offre à moi, les possibilités qui s'offrent à moi.

Me dirigeant vers elle, je pris doucement le bandeau écarlate, le relâchant et le regardant tomber sur le sol, elle sursauta en regardant mon visage.

Tu es mon reflet et je suis le tien. Infiniment. Elle a commencé à rayonner, une brillance intérieure a finalement émergé. Des fleurs ont commencé à germer de ses feuilles. Son aura commença à changer de couleur, comme si un prisme l'entourait. Son bouclier prismatique. Ce n'était que le début.

Puis son regard a commencé à se déplacer au-delà de moi et autour d'elle, le brouillard a commencé à s'éloigner et elle a commencé à pleurer.

Il y en avait des millions d'autres, comme elle, ici. Tous perdus dans la Forêt de la Tristesse, perdus dans leur tristesse, tous portant des bandeaux, tous ayant peur de faire un bruit, de bouger, de sentir ou de respirer. Ils étaient enfermés dans leur forme d'arbre, à peine et avec leurs traits. Ils étaient tous comme elle, effrayés et se sentant totalement seuls. Sauf qu'ils n'étaient pas seuls. Ils ne l'ont jamais été. Tout comme elle n'était plus seule. Elle ne l'a jamais été. Elle pensait seulement l'être.

La femme-arbre a regardé autour d'elle, mais qu'en est-il des autres ?

Je l'ai entourée de mes bras, ne t'inquiète pas... un par un, nous allons nous aider à nous échapper de cet endroit. Nous nous connecterons à chacun de leur moi supérieur. Il leur murmure depuis un certain temps déjà, mais nous les aiderons à retrouver leur cœur battant, leur volonté et leur amour intérieur. Leur Soi Supérieur émergera si vous êtes assez courageux pour partir. Nous avons beaucoup à faire.

J'ai tendu la main.

Il est temps que nous nous fondions l'un dans l'autre. Il est temps de commencer notre vie avec un vrai but et un amour inconditionnel. Le moment est venu et le temps est venu. Je suis là pour te guider hors de cet endroit car je t'aime. Je t'ai toujours aimé et je t'aimerai toujours.

Avec ce petit geste de confiance et d'amour, nous avons commencé à nous fondre l'un dans l'autre en nous transformant en notre forme la plus pure.

Ses racines se sont désintégrées dans le sol de la forêt, on pouvait les voir se déplacer dans la terre, vers d'autres arbres. Comme elles le faisaient, ces âmes ont commencé à s'éveiller en tant qu'arbres, les yeux bandés. Le processus avait commencé, car lorsque nous nous guérissons nous-mêmes, cela se propage aux âmes qui nous entourent et elles peuvent, sans le savoir, commencer à s'éveiller.

Un pied devant l'autre, nous avons commencé à quitter la Forêt des Douleurs, tenant la lanterne, nous avons regardé en arrière une dernière fois. Sachant que nous reverrions toutes ces âmes, car nous étions interconnectés, entrelacés dans le temps. Vous n'êtes pas seuls, vous ne l'avez jamais été, et n'oubliez jamais que je vous aime.

Abigail

Abigail Sinclaire

Abigail Sincliare a créé *Become Bright Within Coaching* où elle aide les survivants de familles dysfonctionnelles à apprendre à guérir leur enfant intérieur, leurs blessures ancestrales et à se connecter à leur Soi Supérieur afin de vivre en abondance et d'être qui ils sont censés être dans cette vie.

Abigail est également fondatrice et PDG de Human Network Connection, où elle aide les entrepreneurs et les animateurs de médias virtuels à se connecter, à partager et à se développer grâce à un répertoire de relations publiques et de médias comptant plus de 350 connexions. Elle est également la créatrice du *Vlogazine Inspired Connections* et est toujours à la recherche de collaborateurs pour des articles et des vidéos.

Une lettre d'amour : Ma lettre d'amour à ma mère bien-aimée qui nous a quittés pour toujours pour donner suite à des complications d'une attaque cérébrale.

#Auteur international à succès - Yes I Can, stratège certifié en médias sociaux et coach d'entreprise, Singapour

Je suis une battante. Rien dans la vie n'est permanent tant que je décide aujourd'hui et que je ne regarde pas en arrière. Je peux me relever de n'importe quoi, surtout de mon accident vasculaire cérébral, avec l'aide de Dieu.

AVC, *trois fois*

Nous étions en 2015, une année fantastique pour mon entreprise. L'équipe a commencé avec seulement deux d'entre nous et est passée à six. Mais ensuite, décembre est arrivé, et à partir de ce moment-là, non seulement ma vie, mais aussi ma famille et mon entreprise ont changé.

C'est à ce moment-là que j'ai subi mon premier accident ischémique cérébral. Alors que j'étais encore en train d'accepter la situation, j'ai subi un deuxième AVC à peine deux semaines plus tard. Ces deux accidents ont également provoqué le décollement de la rétine de mon œil droit. À partir de ce moment-là, un côté de ma vision était complètement noir et l'autre était flou.

Quelques mois plus tard, alors que j'essayais de faire face à la situation, j'ai subi un autre AVC et ma vie n'a plus jamais été la même.

Je suis devenu un nourrisson. J'ai dû apprendre à parler parce que je parlais mal. J'ai dû apprendre à manger - à mâcher et à avaler - pour que ce que je consommais ne finisse pas par m'étouffer. J'ai dû apprendre à monter des escaliers, à tenir un stylo, à ramasser des pièces de monnaie, à faire mes lacets, à boutonner ma chemise, et bien d'autres tâches quotidiennes simples.

Mais ce n'était rien comparé à la façon dont les AVC ont affecté le reste de ma vie. Ils ont affecté mon niveau d'énergie, ma capacité à marcher, mon niveau d'attention, ma mémoire, ma mobilité, tout.

Les multiples attaques ont entravé les tentatives des médecins pour rattacher ma rétine. J'ai dû apprendre à vivre dans l'obscurité. Mais lorsqu'ils ont finalement réussi à opérer mon œil, la vie a décidé qu'elle n'en avait pas fini avec moi. Cette même rétine s'est détachée à nouveau quelques semaines plus tard et j'ai dû subir une série d'interventions chirurgicales pour retrouver ma vision.

La thérapie physique consécutive à l'AVC a été épuisante. J'ai dû être confiné dans un lit et ne pas sortir de chez moi, même après ma sortie de l'hôpital. Je n'avais pas la force de me déplacer seule, même si j'utilisais une canne. Quelqu'un devait m'accompagner partout où j'allais. J'ai perdu le compte du nombre de fois où je me suis rendu à l'hôpital pendant ces quatre années. C'était devenu une deuxième maison.

J'étais triste et mon estime de moi en souffrait, car j'étais une personne totalement différente de celle que j'étais avant l'AVC. Avant, j'étais joyeuse et extravertie. La nature de mon activité m'obligeait à être toujours entourée et à entrer en contact avec les gens. Soudain, à cause de l'AVC, je suis devenu un ermite et je me suis isolé du monde.

Nous avons besoin de votre motivation et de votre inspiration

Le voyage vers la guérison est un processus long et fatigant. Il m'a fallu trois ans avant de pouvoir marcher seul sans canne. Après d'innombrables séances d'entraînement à l'élocution, j'ai enfin pu parler sans bafouiller. J'ai commencé à être capable de faire des choses de manière indépendante. Pendant ces jours, j'ai été en contact avec d'autres patients et survivants d'AVC.

C'est mon appel au monde...

En tant que patients et survivants d'une attaque cérébrale, nous avons besoin de beaucoup de motivation et d'inspiration de votre part, mais de manière positive. Nous n'avons pas besoin de votre pitié ou de vos excuses. Je sais que vous voulez bien faire, mais ces mots peuvent en fait nous faire sentir encore plus mal.

Ce dont nous avons besoin, c'est de nous connecter au monde, d'"emprunter" ses forces pour nous aider à nous remonter le moral. Le changement de notre apparence physique nous poussera probablement à l'isolement, alors nous avons besoin de votre assurance que nous ne sommes pas seuls.

Le fait de subir un AVC peut nous affecter physiquement et émotionnellement, mais pas intellectuellement. Veuillez ne pas nous percevoir comme des victimes mais comme des survivants. Nous avons besoin de votre aide pour nous amener à nous concentrer sur notre récupération. Aidez-nous à nous orienter vers la récupération, et ne nous laissez pas nous attarder sur ce qui s'est passé ou pourquoi.

Tous les symptômes d'un AVC ne sont pas immédiatement visibles, mais ils sont bien réels. Pouvez-vous imaginer vivre une vie qui change à 360 degrés en un clin d'œil ? Vous vous retrouvez soudain sans pouvoir parler ou effectuer des tâches simples. Vous n'êtes peut-être pas en mesure de comprendre pleinement une telle vie, mais c'est devenu une réalité pour moi et pour chaque patient et survivant d'un AVC.

Si vous prenez un peu de temps pour comprendre ce que vivent les patients victimes d'un AVC, vous saurez que la plupart d'entre nous finissent par perdre leur emploi. Le stress de la souffrance et de la guérison est déjà un énorme défi, et la perte de notre source de revenus multiplie ce fardeau.

Nous sommes déterminés à nous rétablir, mais nous avons souvent besoin de votre soutien pour nous aider à rester positifs et à garder espoir, car il est difficile de se relever, surtout si l'on est seul. Même un simple message comme "N'abandonnez pas !" fait des merveilles.

Nous avons besoin de vous pour nous aider à transformer nos frustrations en espoir. Soyez gentil et patient avec nous car nous avons des difficultés à nous exprimer ou à faire les choses par nous-mêmes. Nous aurons des oublis, de la confusion, de la négligence et des sentiments d'irritabilité. Mais nous nous améliorerons avec le temps. Vous devez être patient avec nous.

Lenteur mais constance

Le chemin vers la guérison de chaque patient victime d'un AVC sera lent mais régulier. Il y aura un certain nombre de survivants d'un AVC qui auront un handicap résiduel. Nous n'avons jamais baissé les bras et nous nous sommes appliqués à améliorer notre élocution, à faire des exercices physiques réguliers, à apprendre et à nous concentrer sur le retour à la vie que nous menions avant l'AVC.

Il faudra beaucoup de travail pour s'adapter et faire face à ces déficits résiduels. La réadaptation est une partie importante des soins après un AVC. C'est à ce moment-là que nous avons besoin de soutien pour rester actifs et améliorer les résultats après un AVC.

Il y a eu des moments où il était plus facile de jeter l'éponge et d'abandonner lorsque se lever le matin semblait trop difficile et épuisant. C'est dans ces moments-là que nous avons plus que jamais besoin de votre soutien.

Nous nous concentrons sur les choses que nous pouvons contrôler. Nous nous efforçons d'adopter une attitude positive face à tout ce qui nous arrive. Nous nous occupons et trouvons des choses amusantes à faire à la maison pour garder notre esprit actif.

Avec le temps, la plupart d'entre nous finissent par accepter ce que nous avons subi ou ce que nous subissons à cause d'un AVC. Nous nous attachons à faire ce que nous pouvons dans le présent pour un avenir meilleur. Malheureusement, de nombreux patients victimes d'un accident vasculaire cérébral (AVC) n'arrivent toujours pas à accepter qu'ils aient été victimes d'un AVC.

Nous risquons de nombreuses complications à long terme associées à un AVC, comme la dépression, les douleurs articulaires dues à une immobilisation prolongée ; nous sommes également confrontés au risque de caillots dans les veines de nos jambes, à une rigidité accrue de nos membres affectés et à la constipation. Veuillez être patient avec nous et nous aider à gérer ces complications.

Lorsqu'une personne est victime d'un AVC, sachez que chaque seconde compte. Il s'agit toujours d'une urgence médicale. Plus l'AVC n'est pas traité, plus les risques de dommages durables sont élevés. Le temps perdu est une perte de fonction cérébrale.

Savoir qu'un AVC est un problème médical qui peut être potentiellement mortel est un début. Nous devons agir F.A.S.T. Nous avons besoin que vous sachiez que vous devez également agir F.A.S.T.

F pour vérifier l'affaissement du visage

A : vérifier la faiblesse des bras

S : vérifier les difficultés d'élocution

T est de noter l'heure à laquelle l'AVC s'est produit et d'appeler la ligne d'urgence.

Pendant notre rétablissement, le soutien de la famille, des amis et même des groupes de soutien est également essentiel. Veuillez nous aider à ne pas manquer les séances de thérapie et à prendre régulièrement les médicaments prescrits.

En tant que survivant d'un AVC, nous verrons le risque d'une nouvelle attaque à tout moment, mais chaque personne victime d'un AVC s'efforce de réduire le risque d'en subir une autre. Votre soutien et vos encouragements nous sont d'une grande aide sur le chemin de la guérison.

La récompense

Une motivation d'amour à tous les patients victimes d'un AVC et aux survivants d'un AVC....

C'est en septembre 2019, presque quatre ans après ma première attaque cérébrale, que j'ai enfin pu dire que j'étais à 80 % de retour à la "normale". Toutes ces années, je n'ai jamais renoncé à tous mes rêves et à visualiser que j'ai survécu à mes multiples AVC.

Il y a six ans, je voulais devenir auteur et publier mon propre livre. Ce rêve s'est finalement réalisé en octobre 2020, lorsque mon livre "Yes I Can" est devenu une des meilleures ventes sur Amazon. Rien ne vaut de voir mon nom sur la couverture d'un livre. Cela me comble de savoir que ce que j'ai écrit va contribuer à améliorer la vie d'une personne.

La patience paie. Je croyais que j'allais m'améliorer. Je crois maintenant qu'il y avait un côté positif à tout ce que j'ai souffert, car cela m'a donné l'occasion de m'épanouir. Cela m'a donné une nouvelle orientation dans ma vie et dans mon entreprise en aidant les autres, en particulier ceux qui ont été touchés économiquement. Cela se fait avec amour.

Ma vision : donner du pouvoir aux autres

Je suis issu du monde des affaires. J'ai pu mieux m'identifier aux propriétaires d'entreprises. Ayant fait l'expérience de l'impact économique de mon AVC, j'ai décidé d'aider d'autres propriétaires d'entreprise à acquérir les compétences et à développer les systèmes nécessaires pour prospérer dans n'importe quelle économie.

Je m'efforce d'être un "faiseur de pluie" dans le monde des petites entreprises grâce à mon système d'automatisation backend qui a permis d'automatiser 90 % du travail que je fais avec mes clients. L'aspect intéressant de l'utilisation de ma plateforme et de mon système A.C.C. - Attirer, Connecter, Convertir - est qu'il a aidé mes clients à devenir eux-mêmes des "faiseurs de pluie". Il ne s'agit plus seulement de moi, mais aussi d'eux qui s'aident eux-mêmes et aident les autres.

Chers amis victimes d'un accident vasculaire cérébral, croyez en vous, vous avez le "pouvoir" d'aider les autres avec les capacités, les compétences et les connaissances que vous avez. Vous êtes la même personne qu'avant l'AVC. Ne laissez personne vous dire le contraire.

Si vous pouvez permettre à une seule personne de passer à un niveau supérieur, même dans votre situation actuelle, vous êtes en fait un CHAMPION !

Mes derniers mots

Je suis reconnaissant de ne pas avoir été paralysé par la dépression. Maintenant, je suis capable de me déplacer de façon indépendante et de parler aux gens, surtout aux étrangers, sans bégayer. Je suis reconnaissant de pouvoir aider mes clients à développer leur entreprise. Je suis reconnaissante de pouvoir aider mes clients à créer leur entreprise. Je suis reconnaissante que mon entreprise, qui a dû être mise en veilleuse en raison de ma mauvaise santé, reprenne lentement mais sûrement.

Mon voyage ne fait que commencer, et je n'ai pas l'intention de m'arrêter de sitôt. J'étais à votre place il y a quelques années, mais j'ai choisi d'attendre l'arrivée de mon arc-en-ciel. Je suis reconnaissante d'avoir le soutien et l'amour de ma famille.

Le 8 décembre 2020, ma maman bien-aimée a subi un accident vasculaire cérébral. Elle était une personne saine et joyeuse. Elle ne présentait aucun signe de maladie grave et se rendait régulièrement chez le médecin pour ses contrôles.

L'AVC est survenu soudainement et en quelques jours, nous l'avons perdue. Le 12 décembre 2020, elle a perdu sa bataille contre l'AVC et j'ai perdu ma mère pour toujours. Pour prendre les choses positivement, en raison de son âge et de son arrivée tardive, j'ai accepté la perte et j'ai fait mon deuil en silence.

Les accidents vasculaires cérébraux sont réels et doivent être pris au sérieux. Prendre des mesures F.A.S.T. permet de réduire le risque d'effets à long terme ou d'issue fatale.

J'espère qu'en partageant ma lettre ouverte d'amour, je peux motiver d'autres patients et survivants d'AVC à croire en eux-mêmes. Souffrir d'un accident vasculaire cérébral n'est pas un handicap qui vous empêche de faire une différence dans votre propre vie et dans celle des autres, à moins que vous ne le laissiez faire.

J'espère que le fait de partager mon histoire de patiente victime d'une attaque cérébrale et de survivante, mais aussi de personne ayant perdu un être cher en raison des complications d'une attaque cérébrale, fera prendre conscience que l'attaque cérébrale est réelle.

J'espère également qu'avec ma lettre d'amour, le reste du monde sera encore plus conscient et comprendra mieux ce que les patients et les survivants d'une attaque cérébrale traversent, et le type de soutien dont nous avons besoin.

Abandonner n'est pas une option.

Nous avons nos rêves. S'il vous plaît, tenez-nous la main et aidez-nous à traverser nos ténèbres. Aidez-nous à attraper nos étoiles.

"Je me concentre sur la gratitude, le bien-être et le bonheur. Je grandis grâce à ce que je vis. Je veux que mon absence soit ressentie parce que je vis pour une cause !"

~ Nor Suhir

Avec amour et bénédictions. Soyez heureux, soyez en sécurité, soyez en bonne santé,

Nor Suhir

A propos de l'auteur

Nor Suhir est l'auteur du best-seller international Yes I Can, survivante d'une attaque cérébrale, stratège certifiée en médias sociaux et coach d'entreprise.

Elle est également présidente de la section Hawkerentrepreneur de la Fédération internationale des entreprises de Singapour, où elle aide les entreprises locales du secteur de l'alimentation et des boissons à se numériser.

Elle a récemment lancé sa propre application d'automatisation de la messagerie, ChatEngaged, et son programme "Rainmaker" - Attirer, Connecter, Convertir (A.C.C.).

Contacts :

Site web: http://norsuhir.com

Courriel : nor@noamsinternational.com

ChatEngaged : http://chatengaged.com

Facebook : https://www.facebook.com/NorSuhir

Groupe Facebook : https://www.facebook.com/groups/701784610599373

Instagram : http://instagram.com/nor.suhir

Chère Maman,

Tu es la première femme que j'ai rencontrée avec cette forte odeur de parfum que tu portes. Tu m'as appris beaucoup de leçons de vie, comme comment attacher une chaussure et même pourquoi je devais avoir de bonnes notes à l'école. Je t'ai regardée devenir une femme forte, même si les années n'ont pas été tendres avec toi, maman. Pourtant, tu regardais toujours le bon côté de la vie pour tout.

Nous avons eu tant de belles vacances, comme la fois où nous sommes allés en Angleterre et au Pays de Galles, et qu'as-tu fait ? Tu t'es cassé la cheville la première semaine où nous étions là-bas ! Je n'ai jamais rencontré une femme de tête comme toi, maman. Tu as toujours été forte et juste avec moi, et même lorsque nous étions en Angleterre, tu as persévéré pour t'assurer que nous passions tous un bon moment et un beau Noël ensemble, malgré ta cheville cassée. C'était le bon temps ! Ce sont des jours que je chérirai toujours.

En grandissant au fil des ans, j'ai fait des choix et des décisions discutables, et la plupart du temps, tu as essayé de m'orienter vers une direction plus raisonnable. Je t'ai toujours aimé pour être la maman que tu es.

Le jour où je t'ai dit que je me lançais dans les affaires pour la première fois, tu m'as regardée avec inquiétude. Tu connais ce visage que font toutes les mamans: heureux et inquiet à la fois. Je sais que tu m'as dit : "Et si ça ne marche pas ?" mais je savais que c'était ce que je voulais faire pour changer ma vie et devenir la personne que je voulais être. L'amour que tu avais pour moi dans tes yeux disait tout : "Je t'aime, David. Je ne veux pas te voir te décourager en sachant que tout cela pourrait ne servir à rien."

Je me suis défendue comme la femme de tête que tu étais il y a des années en Angleterre. "Je le fais pour moi et ma famille", ai-je dit. Je veux être cette personne forte et juste que tu étais avec moi !

Au fil des ans, après avoir poursuivi ce rêve d'entreprenariat, tu m'as vu devenir cette personne heureuse que j'ai toujours voulu être. J'aime le travail que je fais et j'aime savoir que tu es aussi fière de moi.

Je t'ai toujours aimée, maman, pour tous les moments heureux et les peines que nous avons enduré ensemble. Mes enfants t'ont toujours apporté du bonheur ; sache qu'ils sont entre de bonnes mains et qu'ils ont une enfance que presque tous les enfants aimeraient avoir. Tes petits-enfants ont toujours été ce roc. Leurs sourires, leurs larmes et leurs souvenirs ont soudé cette petite famille.

Ces dernières années ont été une bénédiction et une tristesse en même temps. Nos appels téléphoniques du soir nous ont rapprochés, et les moments où nous étions ensemble autour de ta maison ont été les plus grands moments de ma vie. La maison dans laquelle j'ai grandi était la maison que n'importe quel enfant aurait souhaité avoir. L'année où nous avons fêté Noël ensemble, je me suis déguisé en Père Noël pour toi et tu as laissé échapper le plus grand rire que j'ai jamais entendu de toutes mes années.

Te voir rire ce jour-là, c'était comme si toute la douleur que tu avais dans ton corps avait disparu pendant ce bref instant. Je suis heureux de t'avoir vu vraiment sourire, maman, et ce rire me manque tous les jours maintenant.

La première fois que je t'ai vue endurer ta première crise cardiaque m'a vraiment fait peur. Oui, je sais que tu es revenue à toi, et c'était une bénédiction de savoir que tu étais toujours là pour moi. Ces dernières années ont été les meilleures.

Quand je t'ai dit que j'écrivais mon premier livre, tu m'as souri ! Un sourire sachant que tu étais fier de moi. Ce n'est que l'année dernière que Dieu a décidé de t'éloigner de moi. Tu es décédé pendant la nuit après une nouvelle crise cardiaque. Je suis heureux d'avoir été là avec toi dans cette obscurité matinale.

Je sais que je pleure, maman ; c'est parce que tu me manques encore et que je t'aime chaque jour de ma vie. Tu n'étais même pas là lorsque mon premier livre est sorti, mais sais-tu ce que j'ai fait ? J'ai fait une petite dédicace à ta mémoire lors du lancement du livre, car je sais qu'au fond de moi, tu as toujours été fière de moi.

Je t'aime, maman !

Tu ne reconnaîtrais pas ce que j'ai fait maintenant. Je suis devenue beaucoup plus forte en tant que personne, même si nous venons de traverser l'année la plus terrible du COVID. Cette force a failli se dissiper à un moment où nous étions enfermés. Le jour de l'anniversaire de ta mort, qui est aussi mon anniversaire, j'ai versé une seule larme pour toi. Pas seulement parce que tu es parti, mais parce que je sais que tu serais fier de moi et des choix que j'ai faits chaque jour depuis.

En regardant en arrière, ta force et ton attitude volontaire ont été la pierre angulaire de mon succès. Merci, maman, et que ton âme soit en paix. Je te reverrai bientôt dans l'au-delà.

Que mes derniers mots restent avec toi...

Il ne sert à rien de souhaiter que tu sois là, mais je sais que tu es toujours avec moi dans mon cœur, ma tête et mon âme !

Je t'aime, maman !
Je te verrai bientôt !
Beaucoup d'amour de la part de David Vine, ton fils qui t'aime.

A ma famille,

Il y a tellement de choses que je veux dire, mais la première chose est que j'aime chacun d'entre vous !

Vous ne pensez peut-être pas que je vous aime, mais si, je vous aime. J'ai fait des choix discutables et pris des décisions qu'aucun d'entre vous n'a aimé. Tout ce que j'ai fait, c'était à cause de l'amour que je vous porte à tous. Certains d'entre vous pensent que je suis un gros méchant, un gars bizarre qui s'habille en Père Noël, qui fait l'Université et qui écrit des livres. Et oui, ce sont vos mots.

Le serment que je fais à chacun d'entre vous est que, même si mes rêves sont grands et motivent mon ambition, mes rêves incluent toujours chacun d'entre vous. Tout ce que j'ai fait, je l'ai fait par amour et pour mettre de la nourriture sur la table. J'ai été respecté par tous mes pairs dans le monde des affaires... mais certains d'entre vous pensent que je ne suis pas à la hauteur ! Nous avons tous fait des erreurs, oui, même moi, mais c'est ce que nous faisons de ces erreurs et comment nous en tirons des leçons qui compte.

Depuis que la vie a changé ces dernières années, comme la façon dont la société change à cause de COVID, et la dynamique familiale qui change constamment, vous pourriez penser que je perds la tête, mais ce n'est pas le cas. La famille représente tout pour moi, comme la façon dont j'aime m'accrocher à nos dîners de famille, les obligations de Noël que vous appelez, ou les vacances que nous avons. C'est ma façon d'essayer de me raccrocher à ces vieux souvenirs perdus des années passées.

La vie était si simple quand vous étiez tous jeunes. On peut appeler ça de la nostalgie, car c'en est. J'ai toujours chéri ces souvenirs, et ils me manquent.

L'année 2020 a été une grande année pour nous tous. L'un d'entre vous a déménagé du foyer, un autre que je vois à peine car vous êtes toujours dehors avec vos amis. Les jours où vous étiez enfants ne sont plus que des souvenirs maintenant. Je sais que vous grandissez tous. J'accepte que la vie change, et j'espère qu'un jour vous serez fiers des choix que j'ai faits.

Mon amour pour vous tous ne changera jamais. J'espère juste que votre amour pour moi ne changera jamais.

Tout ce que je vous demande, c'est de grandir et d'avoir vos propres souvenirs, mais de ne pas vous séparer !

Nous avons beaucoup de bons souvenirs de nos vacances en famille. C'étaient les jours que nous attendions toujours avec impatience pendant l'été. Mon amour sera toujours là, et mon amour en tant que père ne changera jamais. N'en doutez jamais.

L'avenir est ce que vous en faites. Prends les bonnes décisions, écoute les sages paroles de ton père : la vie n'est pas toujours facile. Nous prenons des décisions qui changeront le cours de notre vie, et nous devons vivre selon ces choix, quoi que nous fassions. J'ai fait des erreurs, nous en faisons tous, mais je ne veux pas te voir vivre en fonction de mes erreurs.

Reste fort, vis ta vie, et sache toujours que ton père t'aime! Quoi qu'il arrive.

Beaucoup d'amour de la part de ton père et mari aimant,

David

David Vine

David Vine est un chef d'entreprise, un auteur autoédité et un entrepreneur.

Je suis né à Brisbane/Australie et j'ai grandi dans la banlieue de Logan City en jouant à mes jeux d'ordinateur quand j'étais enfant. J'ai toujours été fasciné par la technologie, même à un si jeune âge. On peut dire que j'ai évolué avec de nombreux systèmes différents depuis le début avec l'Atari original, puis je suis passé au Commodore 63. Ma passion pour l'écriture et les ordinateurs n'a fait que croître, puisque j'ai été diplômé de la Kingston State High School en 1993 et que je suis allé étudier le diplôme de technologie de l'information directement après le lycée.

J'ai passé quelques années à travailler dans différents emplois, mais ils n'étaient pas assez stimulants pour moi. J'ai fini par étudier le diplôme de services communautaires à Logan TAFE et j'ai commencé à ressentir le besoin de développer et d'aider les gens. Au fil des ans, je suis devenu un père de famille avec une femme charmante et trois enfants qui sont maintenant de jeunes adultes et des adolescents.

Mon esprit d'entreprise n'a commencé à se manifester que lorsque j'ai aimé l'idée de monétiser ce que je savais déjà en enseignant aux personnes âgées dans le cadre du programme du club informatique que j'ai aidé à créer et à mettre en place à l'école locale.

Consultez mes travaux –

Facebook : https://www.facebook.com/david.vine.author

Adresse électronique : djvine@spin.net.au

Contact

Melissa Desveaux est auteur et consultante en écriture. Elle aide les auteurs à écrire et à publier leurs propres livres.

Si vous envisagez d'écrire votre propre livre, prenez contact avec Melissa via :

Courriel - contact@melissadesveaux.com

Site Web - www.Melissadesveaux.com

Les bénéfices lors du lancement de Lettres d'Amour seront reversés au Pink Elephants Support Network.

Pink Elephants fournit les dernières ressources, informations et soutien par les pairs à toute personne touchée par une perte de grossesse précoce. En utilisant des preuves, de l'empathie et de la connexion, notre approche unique axée sur le numérique offre une source unique de soutien spécialisé, quand et où cela est nécessaire - pour toute personne qui en a fait l'expérience directe, pour la famille et les amis, les entreprises partenaires ou les professionnels de la santé à la recherche de moyens éprouvés d'aider.

Avec une grande partie de l'expérience actuelle de fausse couche basée sur la vieille science, les perceptions dépassées, l'anxiété sociale et les mensonges, Pink Elephants vise à redresser l'histoire de la perte de grossesse précoce en brisant la stigmatisation et en menant un nouveau récit, créant une expérience plus saine pour tous.

Fondée à Sydney, en Australie, en 2016, Pink Elephants est un organisme à but non lucratif enregistré qui accepte avec gratitude des dons pour renforcer leurs #circleofsupport

Pour obtenir du soutien ou pour aider à redresser l'histoire de la perte de grossesse précoce, veuillez visiter: www.pinkelephants.org.au

Connectez-vous sur les réseaux sociaux: Facebook, Instagram, YouTube, LinkedIn,

* 9 7 8 0 6 4 5 2 1 7 5 0 6 *